AF140003

Die
Mutter
aller
Jobs

Die Mutter aller Jobs

Walter Zibung

Alle Rechte vorbehalten, einschliesslich derjenigen des auszugsweisen Abdrucks und der elektronischen Wiedergabe.

ISBN 978-3-7357-5824-8
Herstellung und Verlag: BoD – Books on Demand, Norderstedt.

FSC
www.fsc.org

MIX
Papier aus verantwortungsvollen Quellen
Paper from responsible sources
FSC® C105338

Die Mutter aller Jobs...
...ist die Mutter!

Von einem Grossvater geschrieben...

... was jedermann und jeder Mann wissen sollte.

Für meine Familie die auf der ganzen Welt verteilt ist.

Für alle Mütter dieser Welt.

Ohne meine Tochter Maya würde es dieses Buch nicht geben.

Prolog

Im Idealfall fängt das wunderbare Muttersein mit einem simultanen, mehrfachen, himmelhochjauchzenden Orgasmus an. Immer noch im Idealfall legt sich der Mann daraufhin zur Seite und schnarcht sich glücklich in seine Fussballträume, während die Frau hofft, dass der Schnarcher und die drei Kinder durchschlafen werden.

Während genau diesem Hoffen ist sie sich allerdings nicht bewusst, was in ihrem Körper gerade so abgeht. Wikipedia beschreibt dies ganz unverfroren wissenschaftlich wie folgt:
"Vereinigung von zwei haploiden Gameten zu einer einzigen Zelle, der diploiden Zygote".

Jaja, es ist schon klar. Der Idealfall ist tatsächlich schon wieder eingetroffen:
Die weiblichen und die männlichen Keimzellen haben sich trotz völliger Dunkelheit gefunden und beschlossen aus diesem Treffen mehr zu machen, als Frau und Mann eigentlich wollten.

Was eine Frau immer wieder dazu treibt, Mutter zu werden bleibt eines der für die Ewigkeit ungelüfteten Naturgeheimnisse. Wissenschaftlich wird man dies bestimmt nie ergründen und oder begründen können. Auch eine Mutter kann es nicht erklären, wie man sich wünschen kann, innert neun Monaten bis zu fünfzig Prozent an Gewicht zuzulegen, wo man doch während Monaten, wenn nicht Jahren, verzweifelt versucht hat ein paar Pfunde zu verlieren. Noch viel weniger erklärbar ist es für jede Mutter, weshalb sie zur Wiederholungstäterin wird. Der Gebärschmerz übertrifft ohne jede Diskussion eine Nierenkolik, mehrfach gebrochene Knochen oder Foltertage im dunkeln Mittelalter.
Oder all die drei Schmerzerzeuger im Paket. Bis zum heutigen Tag ist es nicht gelungen einen normalfunktionierenden Menschen zu finden, der sich die erwähnten Schmerzen sehnlichst wünscht.

Aber die Menschen funktionieren ja nicht normal. Seit 1920 ist die Weltbevölkerung von zwei Milliarden Menschen auf über sieben Milliarden angestiegen. Falls ich richtig gerechnet habe, gibt es pro Jahr rund 140 Millionen mutige und schmerzresistente Frauen, die Kinder auf die immer kleiner werdende Erde gebären. Tendenz steigend. Jeder kann selber mal nachrechnen, aber in der Aussage wird es nichts ändern, dass diese Zahlen um das Tausendfache kleiner wären, falls die viel schmerzempfindlicheren Männer die Kinder auf die Welt transportieren müssten.

Müssen die Männer aber nicht. Damit bin ich beim Mann angekommen. Als Grossvater habe ich einen völlig neuen Blick auf die Frauen im Allgemeinen und auf die Mütter im Speziellen gefunden. Ohne dass dabei der alte, vielleicht etwas oberflächlichere Blick auf die Frauen verloren gegangen ist. Schauen ist immer noch erlaubt, blicken auch und zum genauer hingucken hat man als Rentner nicht ganz unverhofft mehr Zeit.

Bei diesem Beobachten der Mutterrolle und teilweise auch Mithelfen ist mir bewusst geworden, dass die Arbeit der Mütter von der Gesellschaft und besonders von den Männern gnadenlos unterschätzt wird.

Sind drei Freunde und drei Freundinnen in einem schmucken Restaurant beim Essen, so dreht sich alles um ihre privaten und beruflichen Höhen und Tiefen. Ist eine Mutter unter den drei Freundinnen, wird auch sie mal kurz gefragt, wie es den Kindern gehe. Aber nach ein paar *„Jööö"* und *"Ach wie süss"* wendet sich das Gespräch wieder den wichtigen Dingen des Lebens zu: Warum Messi gegen Real Madrid kein Tor geschossen hat, wie viel das neu erstandene Mountainbike wiegt, wie sich die Hypothekarzinsen entwickeln, wie viele E-Mails und iPhone-Meldungen den sonst schon so gestressten Arbeitstag belasten, wie man sich am schnellsten die Karriereleiter empormobbt und wie lange sich der nordkoreanische Diktator noch halten kann.

Kann sein, dass noch einmal ein mitleidiger Versuch gestartet wird, die Mutter in die hochstehende Diskussion miteinzubeziehen. Etwa mit der Frage, was sie arbeitet. Falls sie nichts arbeitet, folgt die Frage, wie sie den lieben, langen Tag mit den Kindern und der Langeweile umgeht. Falls sie sich nicht langweilt, verstummt die Fragerei. Nach einem leicht betretenen Schweigen wendet sich die Konversation wieder den Banken, Kim Jong-un, Manchester United und den ach so interessanten iPhones, iPods und iPads zu.

Dieses Buch hat den Anspruch, dem Mutterjob auf die wohlverdienten Beine zu helfen.
Muttersein ist ohne Wenn und Aber *„Die Mutter aller Jobs"*.

Mutter ist Fortpflanzungsverantwortliche, Erzieherin, Milchproduzentin, Gärtnerin, Bäuerin, Köchin, Ernährungsfachfrau, Reinigungsspezialistin, Medizinerin, Babysitterin, Pädagogin, Psychiaterin, Unterhalterin, Computerspezialistin, Turn- und Sportlehrerin und Physiotherapeutin verpackt in einem. Fast hätte ich es vergessen.....all diese Jobs werden wegen regelmässig gestörter Nachtruhe in einem Dauerzustand des Schlafmangels geduldig erledigt. Geduld ist ein weiteres Schlüsselwort: Von keinem Beruf wird derart viel Geduld gefordert.

Muttersein ist DER Spitzenjob und gehört zuoberst auf das Berufspodest.

Alle anderen Jobs verblassen dabei und wer das nicht wahrhaben will, muss zwingend den folgenden Test bestehen:

Sich an einem Donnerstagabend bei einer Mutter von ein, zwei, drei oder noch mehr Kindern melden und bis Montagmorgen die Mutteraufgaben übernehmen.
Idealalter der Kinder, sechs Monate, zweijährig und vierjährig, vorzugsweise alle drei mit ganz normaler Energie geladen. Zu den Aufgaben gehören: babysitten, einkaufen, kochen, abwaschen, putzen, Kleider waschen, sich selber und die Kinder waschen, mit Freunden tratschen, Post erledigen, Computer und iPhone auf dem neuesten Stand halten, den Garten pflegen,

sich hübsch machen, denn am Freitag- und am Samstagabend kommt je ein vierköpfiger Besuch zum Dinner, Kinder ins Bett bringen, vielleicht sogar ein bisschen schlafen und selbstverständlich Kaffee trinken.

Falls man oder Mann diese Prüfung überlebt und am Montagmorgen gut gelaunt die Kinder und die Wohnung in einem piekfeinen Zustand der glücklichen und bestens ausgeruhten Mutter übergibt, kann man oder Mann dieses Buch mit gutem Gewissen ungelesen auf die Seite legen. Oder einem Freund weiterverschenken.

Halt! Fährt der Mann am Montagmorgen jauchzend ins Büro, weil er endlich wieder sich selber sein kann und weil er völlig ungestört an der Kaffeemaschine mit der Sekretärin plaudern und ein bisschen flirten kann, dann, ja dann sollte er das Buch vor dem weitergeben doch durchlesen.

Inhalt:

0- bis 1-jährig: Lou und Mutter Katja

Kaum ist ein Baby auf der Welt, kennt es schon die Prioritäten des Lebens. Es lebt die maslowsche Bedürfnispyramide von der ersten Sekunde an, ohne zu wissen, wer denn dieser gute Herr Maslow überhaupt ist. Ist dem noch nassen Neugeborenen auch egal.

Luft, Wärme, Nahrung, Schlafen. Das sind die ersten und wichtigsten Bedürfnisse eines Babys und werden auch die wichtigsten Bedürfnisse im ganzen Leben dieses neuen Menschen bleiben.

Beim ersten Atemzug wird dem Baby mit einem kräftigen Klaps auf den Hintern etwas nachgeholfen. Darauf folgt ein ohrenbetäubender Schrei und das Atmen nimmt seinen Lauf. Der allerletzte Atemzug bedeutet dann gleichzeitig die Verabschiedung aus dem hoffentlich langen und erfüllten Leben. Einem Leben, in dem man vielleicht sogar die fünfte Stufe der maslowschen Pyramide kurzzeitig erreicht hat. Die Selbstverwirklichung.

Luft.

Ohne frische Luft zu holen funktioniert der Durchschnittsmensch eine gute Minute. Dann ist es aus. Wenn wir beim Schnorcheln abtauchen, um einige Fische etwas näher zu betrachten, müssen wir schon bald wieder an die Oberfläche hecheln und krampfhaft nach Luft schnappen. Rekordtaucher bringen es auf vier bis fünf Minuten. Wir atmen pro Minute 12-20 Mal ein, ohne es bewusst zu realisieren. Luft, obwohl absolut unentbehrlich, ist für uns eine Selbstverständlichkeit.

Es war überhaupt keine Selbstverständlichkeit, dass die kleine Lou zu ihrem ersten Atemzug kommen konnte. Der Name Lou steht für Kämpferin und schon vor dem ersten Luft holen sollte der Kampf beginnen.

Genau gesagt begann der Kampf rund vierundzwanzig Wochen vor der Geburt. Die Gynäkologin riet Katja schon früh in der Schwangerschaft sich so viel wie nur möglich hinzulegen, um eine Frühgeburt zu verhindern. In der 20. Schwangerschaftswoche begannen bereits die wilden Wehen und dann war Dauerliegen angesagt. Katja verbrachte zweiundzwanzig Stunden am Tag in liegender oder sitzender Stellung. Lesen, schlafen, irgendwelche Handarbeiten machen und fernsehen sollten für viele Wochen zum ständigen Tagesablauf gehören.

Fernseh-Kochkurse avancierten zu den Lieblingssendungen. Obwohl das Take-away-Thai-Curry zu ihrer bevorzugten Speise gehörte, war klar, dass dies in den Baby-Food-Top-Ten keine Chance hatte. Ob Katja wollte oder nicht, plötzlich war jede Menge Zeit da, um sich mindestens geistig auf die Hausfrauenrollen in allen Details vorzubereiten.

Die Tour de France verfolgte sie vom Prolog bis zur triumphalen Siegerankunft von Bradley Wiggins in Paris in allen Details. An dieser Stelle muss erwähnt sein, dass Katja ein sehr sportliches Naturell hat und möglichst viel Bewegung braucht. Umso grösser ist deshalb diese ausserordentliche Geduldsleistung einzustufen. Nicht nur körperlich, sondern auch mental und seelisch wurde Katja an ihre Leistungsgrenze gepuscht.

Bereits vor zwei Jahren erlebte sie eine ähnlich schwierige Schwangerschaft. Damals erblickte ihr Sohn Kimi das Licht der Welt schon nach siebenundzwanzig Wochen und verabschiedete sich nach einigen wenigen intensiven Tagen wieder von dieser Erde. Er liess seine Eltern in einem tiefen, langen Tal der Tränen. Heute schwebt Kimi über seiner Familie als leuchtender Stern, der unendliche Energie ausstrahlt. Es muss diese Kraft gewesen sein, die es Katja erlaubte, ein weiteres Mal eine äusserst komplizierte Schwangerschaft durchzustehen.

Der Wunsch Mutter zu werden ist wahrscheinlich DER Wunsch jeder Frau. Frauen sind so oder so eine wandelnde Wunschliste. Das ist zumindest die Meinung der Männer. Die Herren geben auch gerne zu, dass Frauen die viel schöneren Kreaturen sind und sie selber im Ausgang zu reinen Statisten verkommen. In der ganzen Tierwelt ist das Männchen meistens um Welten farbiger und attraktiver als das Weibchen. Nur bei uns Menschen ist das ohne Diskussion gerade umgekehrt. Zum Glück erreicht der Mann ein akzeptables

Selbstwertgefühl wesentlich leichter als die Frau. Selbst mit Glatze und Nasen- oder Ohrenhaaren stimmt bei ihm das Spiegelbild. Es kommt ihm auch nie in den Sinn seinen Hintern im Spiegel zu betrachten. Nicht so die Frau. Sie ist um Meilen kritischer mit sich selbst und aus diesem Grunde wird die Wunschliste ellenlang. Auch wenn sie gertenschlank ist, findet sie bei längerer Betrachtung irgendwo ein Pfund, das sie sich wegwünscht. Geht es zu einer Party, ist der Kleiderschrank leer und Shopping ist angesagt. Sieht man die wunderhübschen Schuhe im Schaufenster, werden diese im Nu aus der Vitrine verschwinden. Im Parterre eines jeden Warenhauses werden auf der gesamten Fläche Parfüm, Lippenstift, künstliche Augenwimpern, Puder und weitere tausend Chemikalien angeboten. Nur zum Zweck, das bereits perfekte Gesicht ins noch bessere Licht zu rücken. Die Frau mit natürlich lockigem Haar wünscht sich gerade Haare, während die Dame mit den glatten Haaren bei der Coiffeuse für teures Geld die Dauerwelle kauft. Trotz all diesen Wünschen thront der Wunsch, Mutter zu werden, über allen anderen Begehrlichkeiten.

Um diesen Herzenswunsch in Erfüllung zu bringen, war Katja bereit, sich selber während sechs Monaten ruhigzustellen und ihren Bewegungstrieb zu unterdrücken.

Allem Liegen zum Trotz meldete Lou fünf Wochen vor dem geplanten Geburtsdatum, dass sie Katja statt von innen endlich von aussen geniessen wolle. Die Frühgeburt war nicht zu verhindern. Hals über Kopf fuhren Katja und der werdende Vater Theo um drei Uhr morgens ins Luzerner Kantonsspital. Die Neonatologie war wegen grosser Nachfrage jedoch total ausgebucht. Diese Abteilung ist für Frühgeburten zuständig und bestens ausgerüstet, um die Kleinsten mit viel Technologie und Fachwissen in die Welt zu bringen. Die Spitalverantwortlichen empfahlen verschiedene Alternativen und die hypernervösen, werdenden Eltern entschieden sich für das Universitätsspital Zürich. Falls nötig, war dort ein Platz in der Neonatologie garantiert. Laut Katja werden die Dienste der Neonatologie immer mehr beansprucht. Grund dafür soll die Tatsache sein, dass die Mütter im Durchschnitt immer älter werden und das Risiko von Frühgeburten dadurch enorm gestiegen ist. In der Rushhour morgens um acht fuhren sie

Richtung Zürich. Nach acht Stunden ungeduldigem Warten und Lous unmissverständlichem Pochen auf ihre Bedürfnisse schafften sie es endlich, die Aufmerksamkeit eines Akkord-Kaiserschnitt-Arztes auf sich zu ziehen.

Am 16. Dezember 2011 war es so weit. Ohne einen besonders harten Klaps auf den Hintern schrie sich Lou, zur riesengrossen Erleichterung und zum Entzücken von Katja und Theo, auf diese Erde. 2.200 Gramm Glück und Sonnenschein strahlten intensiver als der teuerste Diamant. Der blaue Wittelsbacher Edelstein, der kürzlich für 18.7 Millionen Euro versteigert wurde, hat keine Chance, den tausendkarätigen Lou-Juwel zu übertreffen.
Für entsprechende Luft war also gesorgt und somit war Lou bereit, das zweite Bedürfnis eines Menschen zu sichern.

Wärme.

Das Neugeborene denkt nicht an Selbstverwirklichung. Es denkt überhaupt nicht (das ist zumindest meine unwissenschaftliche Annahme). Hat das Baby die Luftzufuhr im Griff, ist der Erhalt der normalen Körpertemperatur von Nöten. Ein Tuch und die Körperwärme der Mutter werden dieses Grundbedürfnis nach Wärme befriedigen. Doch schon hier scheiden sich die Geister der Betreuenden. Nehmen wir nur als ein Beispiel die Kontroverse des Wickelns. Da gibt es die uralte Methode des Puckens, die zum Teil noch bis heute angewendet wird. Beim Pucken wird der Säugling möglichst eng in ein Tuch gewickelt und seine Bewegungsfreiheit eingeschränkt. Es soll die Geborgenheit und Wärme im Mutterleib simulieren und vor einer Verkrümmung des Rückgrades schützen. Alle, die an einem übertriebenen Bewegungsdrang leiden, wurden wohl in jungen Jahren gepuckt. Endlich habe ich eine Erklärung dafür gefunden, warum ich nur für überdurchschnittlich kurze Zeit still sitzen kann. Keine idealen Voraussetzungen für einen Schreiberling.

Lou wurde nicht gepuckt. Aber sie hatte Probleme, ihre Körpertemperatur über dem absolut notwendigen Mindestwert von 36.5 Grad Celsius zu halten. Ein Wärmebett konnte diesen Missstand vorübergehend beheben. Lou fehlte jedoch die Kraft, Nahrung aufzunehmen. Da lag die kleine Lou neben Mami

Katja, fror und hatte Hunger. Mamis Bewegungstrieb wurde durch starke Neo-Kaiserschnittschmerzen in engen Grenzen gehalten und der völlig ausgepumpte Papi gönnte sich ein Nickerchen. Ein Bild von einer ziemlich erschöpften Kleinfamilie. Zum Glück war da die umsorgte und vor Energie strotzende Hebamme. Sie versuchte allerdings vergeblich Lou die Muttermilch frisch ab Katjas Brust schmackhaft zu machen. Noch vor wenigen Stunden chillte die Kleine im warmen Bauch von Katja und musste für die Zuführung von Nahrung rein gar nichts tun. Ihr Ehrgeiz, dies zu ändern, war schlicht und ergreifend nicht vorhanden. Der Gang in die Neonatologie-Abteilung wurde unabdingbar. Dort war die kleine Lou mit ihren zwei Kilo Körpergewicht das klar gewichtigste Baby. So klein und doch die Grösste. Mit einer Nasensonde wurden ihr die so dringend benötigten Kalorien zugeführt und die Temperatur des Wärmebettes auf finnische Saunahitze erhöht.

Luft….Wärme…

Nahrung.

Ob reich oder arm, ob Eskimo oder Südamerikaner, ob Japanerin oder Indianerin: Alle haben beim Start ins Leben denselben Menüplan:
87% Wasser, 7% Kohlenhydrate, 4% Fett, 1.5% Eiweiss, plus Spurenelemente, Calcium, Magnesium, Natrium und sonst noch einige chemische Zutaten. Den ganzen Mix nennt man Muttermilch. Pünktlich, frisch und in der richtigen Temperatur. Produziert von der Mutter.

Manche Mütter produzieren genug, manche zu wenig, einige zu viel. Das Stillen soll vielen Frauen das ultimative Muttergefühl geben, einigen tut es ganz einfach nur weh und dann gibt es auch Mütter, die aus ästhetischen und anderen Gründen schnellst möglich zur Babyflasche und dem Milchpulver greifen.

Das Stillen durch Lohnammen ist ein Vorkriegsmodell, jedenfalls habe ich keine Stelleninserate gefunden, die Ammen betreffen. Früher war deren Einsatz bei den noblen Familien eine Selbstverständlichkeit. Ein Grund dafür war die Tatsache, dass vor allem die Adeligen unbedingt auf männlichen Nachwuchs pochten. Wäre die dafür verantwortliche blaublütige Mutter einige Monate oder sogar ein Jahr am Stillen eines Mädchens gewesen, hätte sie kostbare zeugungsfähige Zeit verloren. Damals glaubte man, dass eine Frau während dem Stillen nicht schwanger werden konnte. Etwas nuanciert hat sich dieser Glaube bis zum heutigen Tage gehalten, die Lohnammen sind aber in der westlichen Welt verschwunden.

Statt Ammen kann man jetzt online Muttermilch bestellen. In Europa ist der Handel mit Muttermilch aus ethischen und gesundheitlichen Gründen äusserst umstritten.

In den USA hat man damit weniger Berührungsängste. Auf der Website www.onlythebreast.com
bieten die Mütter ihre Milch mit allen nötigen Details an:
„Ich bin eine 27-jährige, verheiratete, gut ausgebildete, gesunde Mutter zweier Kinder. Meine Kinder sind kerngesund und werden höchst selten krank. Ich rauche nicht, trinke nicht und nehme keine Drogen. Ich esse gesund und nehme täglich die nötigen Vitamine zu mir. Ich pumpe zwei Deziliter Muttermilch in eine sterile Verpackung, die dann sofort tiefgefroren wird. Ich habe über dreissig Liter an Lager und biete sie zu US$ 7.00 für zwei Deziliter an.“

Meine Grossmutter hatte scheinbar nicht genügend Muttermilch, um meinen Vater gebührend zu ernähren. Die Ammen waren entweder schon ausgestorben oder viel zu teuer und das Online-Muttermilch-Shopping hundert Jahre in der Ferne. Kuhmilch aus dem eigenen Stall war die naheliegende Lösung. Vater Seppli vertrug aber Vollmilch überhaupt nicht, verlor ständig an Gewicht, statt Pfunde zuzulegen. Schon damals gab es die rettende Alternative in Form von Milchpulver. Mein Grossvater hatte etwas gegen diese Lösung: *„Wenn der Seppli Kuhmilch nicht verdauen kann, hat er wohl auf dieser Welt keine Überlebenschancen. Wir haben schlicht und einfach kein Geld zur Verfügung, um auf eine luxuriöse Milchpulverlösung auszuweichen“.* Damit war eigentlich schon klar, dass im Familienbuch der Familie Zibung dereinst zu lesen sein würde, dass von total acht

Neugeborenen nur deren vier die ersten drei Jahre überlebten. Zum grossen Glück von Seppli musste der Grossvater für zwei Wochen in eine entfernte Glasfabrik zur Arbeit. Als er wieder nach Hause kam, traf er zu seiner grossen Überraschung und Genugtuung einen putzmunteren Säugling an. Grossmutter hatte in Grossvaters Abwesenheit Milchpulver eingekauft und Seppli konnte fast nicht genug davon kriegen. Der Familiengürtel wurde bis auf die Knochen enger geschnallt. Nur dank diesem radikalen Sparprogramm überlebte der kleine Seppli und nur deshalb bin ich heute in der Lage, diese kleine Historie auf Papier zu bringen. Das Schicksal lässt grüssen.

Vor rund hundert Jahren sicherte meinem Vater das Milchpulver das Dasein und für Lou war die Nasensonde das Tor zum Leben. Die so eingenommene Muttermilch gab ihr die nötige Wärme und sorgte dafür, dass sich der Gewichtsverlust ins Positive drehte.

Nach sieben Tagen konnte Theo seine beiden Mädchen im Spital abholen und nach Hause fahren. Aber halt. Da war noch wichtiges Shopping angesagt. Lou benötigte unbedingt eine nagelneue Garderobe. Alle bereits eingekauften und erhaltenen Kleider, vom Langarmbody bis zum Overall, hatten Grösse 56. Normalerweise ist das die ideale Grösse für Neugeborene. Lou sah sich schon mit einem typischen Frauenproblem konfrontiert. Der Schrank voller Kleider - nichts zum Anziehen. Auf der Heimfahrt vom Spital, am 23. Dezember um acht Uhr abends, hiess es sich in das Weihnachts-Einkaufsgetümmel zu stürzen. Die vor einigen Tagen noch ziemlich ausgepowerte Familie zeigte volle Action. Alles, was in Kleinstgrösse 50 zu ergattern war, wurde eingekauft. Auch in dieser Grösse versank der kleine Diamant. Zum Strampeln blieb da jede Menge Platz.

Auch Mutter Katja war bereit zum Strampeln. Ihr Körper wurde während dem vergangenen halben Jahr der Schwangerschaft zur Ruhe gezwungen. Ihr gingen in dieser Zeit wohl Bilder von freigelassenen Kälbern durch den Kopf. Wird dieses junge Vieh jeweils im Frühling, nach einem langen Stallaufenthalt im Winter, zum ersten Mal aufs Feld gelassen, geht die Post ab. Ganz verrückt hüpfen die normalerweise bedächtigen Tiere wie Gazellen auf der Wiese herum und machen handstandähnliche Übungen, indem sie die Hinterbeine hoch in die Luft schmeissen. Der Zuschauer tut gut daran, bei diesem Befreiungsfestival auf der sicheren Seite des Zauns zu stehen. Nach der Geburt hätte Katja perfekt in eine solch wild gewordene Kälberherde gepasst. Ihr Körper bettelte geradezu nach Bewegung und Katja war trotz Schmerzen bereit, diesem Wunsche zu entsprechen. Baby tragen, putzen, kochen, backen, waschen, Besuch empfangen, shoppen, in der frischen Luft rumrennen und Gymnastik war jeden Tag ein Dutzend Mal angesagt.

Aber auch ohne Sport kam Katja zuhause ins Schwitzen. Um der kleinen Lou genügend Wärme zu garantieren, wurde die Zimmertemperatur auf rund 30 Grad Celsius eingestellt. Doch auch bei dieser Temperatur hatte Lou blaue Lippen und nur dank dem Kauf einer Wärmelampe für den Wickeltisch fühlte sich der Säugling einigermassen warm genug.

Weihnachten, 24. Dezember 2011. Lou war das ideale Geschenk unter dem Weihnachtsbaum, sie liess keine weiteren Wünsche offen. Sie trat die halbstündige Autofahrt durch die verschneite Gegend zu ihren Grosseltern an. Dort gab es trotz bitterkalten Aussentemperaturen die wohl heisseste Weihnachtsfeier in der Schweiz. Bei 30 Grad wurden alle Beteiligten im eigenen Schweiss gebadet und Fotos belegen, dass in der guten Stube Hawaii-Wetter angesagt war. Wagte es jemand kurz das Fenster zu öffnen, riskierte diese Person von einem von Lous Grossvater angeführten Mob gelyncht zu werden. Friedliche Weihnachten. Lou versteckte sich hinter einem Berg von Babykleidern und fühlte sich offenbar pudelwohl. Jedenfalls verschlief sie die Feierlichkeiten komplett.

Ab Weihnachten ging es mit der Nahrungsaufnahme und auch der Wärme rasant in die gute Richtung. Laut Katja wurde die Kleine derart aggressiv gemästet, bis die nette Dame von der Mütterberatung das Wort Diät in den Mund nahm. Lou entwickelt sich prächtig und erreichte nach nur vier Monaten völlig normale Werte in Körpergewicht und Körpergrösse. Ab dem dritten Monat ernährte sie sich einmal mit Muttermilch, ein anderes Mal mit der Anfangsmilch der Marke *Milupa*.

Seit 1981 gibt es einen vierundzwanzigseitigen Kodex der WHO für die Vermarktung von Muttermilchersatzprodukten. Dieser Kodex führte zu Regeln und auch Gesetzen, die das aktive Vermarkten von Anfangsmilch für Säuglinge unter drei Monaten verbietet. Es gibt also tatsächlich noch Produkte in unserer freien Marktwirtschaft, die nicht beworben werden dürfen. Werbeschlupflöcher für Tabak und Alkohol sind alleweil möglich, nicht so für Anfangsmilch. Der Kampf um Marktanteile für Milchpulver, auch Folgemilch und Kindermilch genannt, wird erst für Babys ab vier Monaten lanciert.

Lou ist bereits bei der Folgemilch angelangt und zieht es sowieso vor das von *HIPP* angebotene Menü zu geniessen. Laut *HIPP* kommt das Gemüse aus einem biologischen Garten, ohne künstlichen Dünger, ohne Spritzmittel, ohne Verdickungsmittel und auch ohne Farb- und Konservierungsstoffe. Ach ja, und auch kein Salz. Dafür wird wertvolles Bio-Rapsöl verwendet und Lou steht vor allem auf die darin enthaltenen natürlichen Omega-3-Fettsäuren, weil diese ihre Gehirn und Nervenzellen entwickeln. Folglich ein Menü, das in einem Restaurant aufgetischt locker 19 Gault Millaupunkte abholen würde.

Bei meinem Besuch zeigte Lou, dass sie für weitere kulinarische Gaumenfreuden bereit war. Als anständiger Gast brachte ich ein paar Vollkorngipfeli mit. Katja und ich machten uns daran, diese mit einem Kaffee zu geniessen und für Lou wurde ihr Lieblingscracker *Pancroc Multigrain* von *Roland* aufgefahren. Ein Cracker, der sich mit dem Speichel sehr leicht auflöst und so bei einem Kleinkind keinerlei Schluckprobleme verursacht. Doch da waren Vollkorngipfeli auf dem Tisch und diese bewogen Lou dazu, den Cracker unmissverständlich auf die Seite zu putzen. Katja gab der Kleinen ein winziges Vollkornhäppchen und schon bald war klar, dass die Firma *Roland* an diesem Tag einen treuen Kunden verloren hatte. Beim nächsten Shopping wird Lou bei der Produktewahl einen gewichtigen Schrei mitzureden haben.

Das Wort Schrei erinnert mich daran, dass ich noch nicht über das vierte wichtige Grundbedürfnis des Menschen geschrieben habe.
Nach Luft, Wärme und Nahrung folgt der

Schlaf

als unabdingbare Notwendigkeit. In der Theorie benötigt Lou pro Tag insgesamt fünfzehn Stunden Schlaf und Mutter Katja sollte mit rund der Hälfte dieser Ruhezeit auskommen. Man könnte daraus schliessen, dass Katja und alle anderen Mütter nie einen Grund hätten, an Schlafmangel zu leiden. Und doch höre ich regelmässig von Eltern, die sich wegen zu wenig Schlaf buchstäblich die Augen reiben.

Der Schrei und der Schlaf gehören in einem jungen Leben zusammen wie der Hammer zum Amboss. Lou hat das lange Schlafen nicht erfunden und gehört im Fachjargon zu den Kurzschläfern. Katjas Schlafrhythmus war in den ersten Monaten etwa so:

>Lou schläft um acht Uhr abends ein. Katja pumpt noch Milch ab, da ihre Perle schon nach kurzer Zeit entdeckt hat, dass es um einiges bequemer ist vom Schoppen zu trinken, als mit mühsamem Saugen die Milch von der Brust zu erbeuten. Katja erledigt noch einige Haushaltarbeiten und legt sich um zehn Uhr hin.

>Gerade als Katjas Tiefschlaf zu wirken beginnt, schreit Lou. Mami holt den Schreihals aus dem Bettchen, torkelt schlaftrunken mit Lou zum Kühlschrank, wärmt die abgepumpte Milch auf die genau richtige Temperatur und endlich hat das Schreien ein Ende. Lou muss nach der Mahlzeit noch auf Katjas Schulter rülpsen und die getrunkene Luft loswerden. Manchmal kommt ausser Luft auch noch etwas oder viel halbverdaute Milch und die beiden Mädchen sorgen für eine Modeschau um Mitternacht. Der Waschkorb füllt sich in ungeahnter Geschwindigkeit. Auch das Sofa muss noch gereinigt werden, weil der Geruch nach säuerlicher Milch nicht unbedingt ein Nasenschmaus ist.

>Nach einer weiteren halben Stunde schläft Lou frisch gekleidet beim Herumtragen ein. Katja pumpt eine weitere Flasche Muttermilch ab und legt sich dann erschöpft hin. Sie hat Mühe einzuschlafen. Endlich ist es soweit.

>Nach einer gefühlten Minute meldet sich Lou wieder über den installierten Babymonitor. Theo springt ein, gibt Lou den Schoppen (laut Wikipedia *„das erste Trinkgefäss für Kleinkinder mit einem durchbohrten Gummischnuller als Trinköffnung"*) und wartet das erste grosse Rülpsen ab. Katja ist trotz Theos selbstlosen Einsatzes hellwach, Lou auch. Sie erzählt Mami ihre ersten Geschichten und ihr Lächeln lässt Katja auch morgens um zwei nicht kalt. Beide legen sich wieder hin. Für Lou ist das noch ein bisschen zu früh, für Katja aber höchste Zeit.

Und so geht das die ganze Nacht. Sekundenschlaf oder Powernap für Katja. Gerade richtig für Lou. Letztere nimmt sich die fünfzehn Stunden Schlaf wann immer es ihr gerade so passt. Wäre da nicht der Schrei, würde niemand über Schlafmangel sprechen.

Warum schreien Babys? Bevor sie Deutsch, English, Chinesisch oder sonst eine der über 6.000 Sprachen, die es auf dieser Welt gibt, beherrschen, ist es ihre (fast) einzige Kommunikationsmöglichkeit. Alle Säuglinge dieser Welt verstehen sich prima, alle schreien in etwa gleich. Erst nach dem ersten Lebensjahr fängt das babylonische Sprachenchaos an. Dass im Wort Babylon das Wort Baby steckt, ist wohl doch kein Zufall.

Wenn die Neugeborenen schreien, versuchen sie uns mitzuteilen, dass

>sie Hunger haben,
>ihnen der Bauch schmerzt, weil sich dieser wegen zu viel Milch bläht,
>sie müde sind,
>sie spüren, wie sich die Zähne durchs Zahnfleisch bohren,
>sie die stinkig nassen Windeln loswerden wollen.

Trainierte Mütter verstehen diese Sprache und denken nicht ans Windeln wechseln, wenn das Baby doch klar und deutlich schreit, dass es Hunger hat. Untrainierte Babysitter versuchen es zuerst mit Herumtragen, dann mit der Flasche, dann mit Streicheleinheiten oder mit dem schmerzstillenden *Osa-Zahngel*. Das Wechseln der Windeln fällt ihnen schon beim ersten Schrei ein, doch greifen sie normalerweise erst im absoluten Notfall auf diese offensichtliche, aber eher unbeliebte, Hilfestellung zurück. Das Baby schreit einfach so lange, bis es kriegt, was es will und ein Baby hat in 99% der Fälle die eindeutig grössere Ausdauer im Schreien als die lärmgeplagten Zuhörer.

Wie bereits erwähnt ist Schreien für einen Säugling die (fast) einzige Kommunikationsmöglichkeit. Nur fast. Denn ein Baby kann auch lächeln. Und ein solches Lächeln entschädigt für viele Stunden des Schreiens. In den ersten Wochen verzieht ein Neugeborenes sein Gesicht zu einem Lächeln, ohne es selber zu realisieren. Es ist ein Reflex und passiert meistens während dem Schlafen. Man spricht vom Engelslächeln. Schon bald kann aber der kleine Engel richtig lachen und bringt die Angelachten in helle Aufregung und Entzückung. Speziell schön ist es zu wissen, dass Babys nicht im Stande sind, wie die Erwachsenen ein aufgesetztes Lächeln zu produzieren. Da ist nichts geheuchelt, es ist immer ehrlich gemeint.

Umso grösser war meine Freude, als die neunmonatige Lou mich bei der allerersten Begegnung anlächelte. Oder stand etwa Katja gleich hinter mir und machte lustige Faxen?

Lou hat in diesen neun Monaten enorm viel gelernt. Kopf aufrecht halten, ohne Unterstützung sitzen, alle möglichen Gegenstände greifen und mit dem Mund prüfen kann sie schon seit einigen Monaten. Im Moment ist sicherlich das bewusste und gezielte Krabbeln das grosse Erlebnis. Da kann man sich überall hochziehen, runterfallen, Kopf anschlagen und schreien. Von Mama und Papa an beiden Händen gehalten funktioniert auch schon das richtige Laufen durch die ganze Wohnung und zwar so lange wie Lou will, gekrümmter Rücken der Hilfesteller hin oder her.

Jetzt gilt es, die Wohnung auf *Hochwasser* einzustellen, das heisst Babysicher zu gestalten. So werden zum Beispiel Ecken und Kanten mit einem Band geschützt. Exakt dieser Schutz hat es Lou besonders angetan. Mit ihren kleinen Fingern gibt sie alles, um diesen zu entfernen und kurze Zeit später genau an dieser ungeschützten Ecke den Kopf anzuschlagen. Der Schutz liegt nutzlos am Boden und erduldet, dass er von Lou entsprechend angeschrien wird. Die Abenteuerin Lou hat die Segel gehisst, um ihre Welt von Nord nach Süd, von Ost nach West zu entdecken. Sie erkrabbelt sich jedes ihr offen gelassene Gewässer. Sie macht sich daran alles in ihrer Reichweite, sei es die Blumenvase, das iPhone, Kabel, Lampen, Essensreste, den Bilderrahmen oder auch die Flasche Wein zu ergattern, bevor es ein Erwachsener bemerkt. Spielzeuge, Puppen und Plüschtiere werden bei einer solchen Entdeckungsfahrt geflissentlich umschifft. Falls die Fernbedienung wieder einmal unauffindbar ist, kennt man bereits die süsse Schuldige.

Einmal die Woche krabbelt Lou für einen vollen Tag im Chinderhus Maihof und fühlt sich dort puddelwohl. Sie hat schon ihren Freund Silvan kennengelernt. Er ist einen Monat jünger und fordert Lou regelmässig zum Krabbelrennen auf. Einen weiteren Tag wird Lou von ihren Grosseltern verhätschelt und entdeckt auf deren Bauernhof viel Neues und Spannendes. Die Kühe müssen dem kleinen Sprössling wie Dinosaurier vorkommen.

Diese zwei Tage geben Katja die Gelegenheit, mit der lohnzahlenden Berufswelt im Kontakt zu bleiben. Umso grösser und inniger ist am Abend die Wiedervereinigung der beiden. Katja hat dank Lou die fünfte und zugleich oberste Stufe der Maslowschen Pyramide erreicht: die Selbstverwirklichung. Ihr Ziel, ihre Sehnsucht und ihr innigster Wunsch ist mit Goldschatz Lou in Erfüllung gegangen. Auch Lou hat die erste Stufe voll im Griff:
Luft, Wärme, Nahrung und Schlaf.

O-TON Mutter Katja

"Das grösste Glück ist oft so klein! Bei uns waren es genau genommen 44 cm Länge und gute 2 Kilo an Gewicht: Lou. Niemals hätte ich es für möglich gehalten, dass ein so kleines Wesen das eigene Leben komplett auf den Kopf stellt. Plötzlich fühlst du dich wie ein unsicherer, pickelgesichtiger 16-jähriger Lehrling, der von nichts eine Ahnung hat. Da stehen 2 Erwachsene vor einem winzigkleinen Bündel und sind total verunsichert, was zu tun ist. Doch plötzlich klappts, man ist als Familie angekommen und du weisst gar nicht recht, wie das passiert ist. Trotz aller Müdigkeit und kaum vorhandener Zeit für dich selbst: Ein Leben ohne diesen kleinen Menschen ist absolut unvorstellbar. Es fühlt sich an, als ob Lou schon immer bei uns war. Nach einem langen Tag, voll ausgepumpt und erledigt, liegt dann die kleine Lou in ihrem Bettlein und schläft tief, ihr Gesicht engelsgleich. Du vergisst alles, bereust jedes Schimpfwort, nur noch dieses schöne Gefühl ist da. Und dieses wunderbare Wesen gehört einfach zu dir, unglaublich und irgendwie überirdisch. Eine grosse Dankbarkeit übernimmt dich, zufrieden fällst du ins Bett und..... am nächsten Morgen gehts wieder von vorne los: schreien, jammern, Kopf anschlagen, lachen, Freude haben, alles abräumen, da geht etwas kaputt, und nein, das schmeckt nicht, nein, das will ich nicht...... Und das Glück ist perfekt. :-)"

1-bis 2-jährig: Jaden und Mutter Hoai Nam

„Das ist ein kleiner Schritt für einen Menschen, aber ein gigantischer Sprung für die Menschheit!"
Das waren Neil Armstrong's historische Worte, während er als erster Mensch den ersten Schritt auf dem Mond tat.

„Das ist ein kleiner erster Schritt für Jaden, aber ein gigantischer Sprung für die ganze Familie Ton-Frei!"
Mutter Hoai Nam, kurz Nam genannt, erinnert sich ganz genau an diesen historischen Moment. Zwar konnte Jaden bereits vorher ein, zwei Schritte gehen. Aber an diesem Tag stand er auf, fokussierte einen fünf Meter entfernten Stuhl und schritt konsequent diesem Ziel entgegen. Ohne zu zögern und nicht wie ein betrunkener Winzling hin und her wankend. Vater Chris wurde am Abend von einem sicher laufenden Jaden enthusiastisch begrüsst. Die ganze Familie schrie sich die Freude aus dem Bauch.

Tatsächlich bedeuten diese ersten Schritte für die ganze Familie enorm viel. Jaden war ein Frührobber und ging auch relativ schnell zum Sich-Hochziehen und Krabbeln über. Im Stehen war er bereits im Stande, sich immer weiter in die Höhe zu ziehen. Jaden wollte zwar noch nicht nach den sprichwörtlichen Sternen greifen. Fenster- und Kaminsimse sowie Hochstuhl boten aber kurzfristig nicht minder attraktive Ziele. Auf Knien und Händen krabbelte er in kürzester Zeit von einem kindersicheren Ort bis zum hochgefährlichen Küchensektor hin. Dort gibt es von giftigen Chemikalien, nicht kindergerechten Esswaren, zu Messern und anderen mörderischen Utensilien alles, was ein Kind in grosse Ungemach versetzen kann. Von heissen Öfen und tiefgekühlten Fächern ganz zu schweigen.

Den speziell für ihn installierten Kantenschutz demontierte Jaden fachmännisch, zielorientiert und in kürzester Zeit. Auch für die Fenstersicherung mussten sich die Eltern eine neue Technik einfallen lassen. Jaden knackte auch dieses technische Hindernis im Nu. Bereits jetzt lässt sich erkennen, dass von ihm technische Innovationen zu erwarten sind.

Nun ist der kleine Jaden im Stande, sich aufrecht durch die Welt zu bewegen und für weitere dramatische und auch lustige Erlebnisse ist damit gesorgt.

Die Familie wohnt in einem Apartmenthaus im vierten Stock. Da will niemand herausfinden, wie die neue Fenstersicherung, die nur von ganz oben zu bedienen ist, von Jaden geknackt wird. Dieser Schutz MUSS Jaden-proof sein. Bei meinem Besuch spielten Jaden und ich am Fenster. Weil man von dort eine gute Sicht auf eine belebte Strasse, mit viel Action, hat. Da ein Bus, dort ein Lastwagen, Fussgänger zuhauf, das Polizeiauto, das mit Rotlicht und viel Lärm durch die Strassen braust. Soviel zu beobachten. Bei all diesen Beobachtungen fand Jaden aber trotzdem Zeit, am Fensterhebel herumzuhantieren. Auf meiner Seite hatte ich ein ähnliches Fenster. Dieses konnte man nicht nur öffnen, sondern auch kippen. Das Fenster auf der Seite von Jaden liess sich aber partout nicht kippen. Es war auch nicht dafür gebaut. Er beobachtete meine Kippbewegung und versuchte diese so genau wie möglich zu kopieren. Ohne Erfolg. Nun rutschte er auf meine Seite und versuchte es mit *meinem* Fenster. Zum Glück auch ohne Erfolg. Der Bewegungsablauf war goldrichtig, ihm fehlte aber die nötige Kraft. Er fand dies nicht unbedingt lustig. Jaden-proof ist das Kippfenster nur solange, bis der Kleine an Power zugelegt hat.

Jaden ist das Resultat einer besonders spannenden Ländermischung. Eine Hälfte Vietnam, ein Viertel Schweiz und ein Viertel Peru. Mutter Nam brachte die asiatische Komponente, Vater Chris die peruanisch-schweizerischen Eigenschaften in die sprichwörtliche Wiege.

Peruanische Ausgelassenheit und Fröhlichkeit mit einer Prise schweizerischer Bodenständigkeit und einer wichtigen Portion von fernöstlicher Ruhe und Traditionsbewusstsein ergeben Jaden.

Nam ist selbständig und hat seit Jadens erstem Geburtstag ihr berufliches Pensum auf 40% definiert. An diesen zwei Tagen übernehmen ihre Eltern und Schwiegereltern die Babysitterrolle. Jaden taucht in zwei ziemlich verschiedene Welten ein.

Da ist der sehr aktive und kreative Tag mit Mamita Liliana und Opa Benno. Im Hause Frei-Lozano spielt stets Musik – das Radio wechselt von Schweizer-Kinderliedern zu Jazz und wieder zu schnellen Salsa-Rhythmen – und Liliana tänzelt und singt an ihrem Jaden-Tag gerne mit ihrem Enkel im Wohnzimmer. Gemeinsam greifen die beiden in die Klaviertasten, malen Kunstwerke, bauen architektonische Wundergebilde. Stets begleitet von Grossmamas Kommentaren zu Formen, Farben und Bedeutung der verwendeten Spielsachen. Opa Benno ist da der ruhigere Gegenpol. Das Begrüssungsritual mit seinem Enkel beinhaltet die Überprüfung, ob alle Spielsachen vollständig sind und das Leeren des Briefkastens. Jaden hat diese sich repetierenden Aktivitäten bereits verinnerlicht. Zu dritt geht's dann auch gerne ab und zu auf Kurzausflüge, inklusive Spielplätze, Erlebnispärke oder Streichelzoos.

Auf naheliegende Spielplätze oder zum Supermarkt im Quartier geht's auch mit Ông Bà Ngoại (Grossvater und Großmutter mütterlicherseits auf Vietnamesisch). Jadens Tag bei Nams Eltern ist im Vergleich gewiss ruhiger und auch etwas leiser. Im Hintergrund klingt in ihrer Wohnung ab und zu ein vietnamesisches Folklorelied, während die Großmutter Jaden Geschichten vorliest, Quizfragen stellt oder seine fragenden Augen mit dem Benennen der Gegenstände befriedigt. Der Grossvater singt dem Enkel Verse und Gedichte vor. Bei ihnen bestimmt Jaden die Aktivitäten und führt seine Großeltern zu den gewünschten Spielsachen. Dabei kann er bei ihnen, unter wachsamen Adleraugen, auch alleine spielen und kreiert gerne mit den vorhandenen alltäglichen Sachen auch mal sein eigenes Spiel. Wie viele Papierboxen die Großeltern haben, zählt Jaden jeweils in Dreierblöcken. Bis drei kann er schon zählen. Box: 1, 2, 3, 1, 2, 3...Treppe: 1, 2, 3, 1, 2, 3. Doch der grösste Spass für den cleveren Knirps besteht darin, Gegenstände von den Großeltern zu verstecken oder technische Einstellungen an Apparaten vorzunehmen. So richtig ins Staunen bringt er seine erwachsenen Fans, wenn er bei seinem darauffolgenden Besuch diese Gegenstände wieder hervorzaubert und die Apparate auf den Originalzustand zurückstellt.

In diesen länderspezifischen Welten ist die verbale Kommunikation enorm wichtig. Jaden's Hirn wird mit drei verschiedenen Sprachen trainiert: Vietnamesisch, Spanisch und Schweizerdeutsch. Fünf Monate nach seiner Geburt meldete er sich mit einem neutralen und in allen Sprachen verständlichen Wort: *„Dada"*. Etwa soviel wie *„Papa"* oder *„Mama"* oder *„da"* oder *„dort"*.

Zwei Monate später folgte bereits ein ganz spezifisches Wort auf Vietnamesisch *„đèn"*, das heisst *„Licht"* in dieser fernöstlichen Sprache. Ein alltägliches Wort und doch enorm speziell.
„Es werde Licht". So sprach Gott. Und es ward Licht. Und die Arbeit am ersten Tag der Erschaffung der Erde war getan.
Und Jaden hat *„Licht"* als den Begriff auserkoren, der seinen Mund als erstes, richtiges Wort verlassen darf. *„đèn"*. Ganz schön wundersam.

Nam hat mich gebeten, Jaden mit einem Wort zu beschreiben. Sie hat ein Album für Jaden angelegt. In diesem können Familie und Freunde ihren Sprössling mit einem einzigen Wort beschreiben oder ihm etwas wünschen. Hier ist mein Beitrag:

Lichtgestalt.

Das ist für mich das perfekte Wort, diesen umtriebigen Knirps zu beschreiben. Wenn das kein Versprechen für seine Zukunft ist. Jaden lächelt ausserhalb der Familie nicht unbedingt um die Wette. Laut Nam pflegte er vor seinem ersten Geburtstag nur bei besonders hübschen Frauen eine Ausnahme zu machen. Da smiled der zukünftige Ladykiller ohne Vorbehalte hemmungslos vor sich hin. Kaum *volljährig* kommen aber immer mehr Mitmenschen in den Genuss seines spitzbübischen Lächelns und herzhaft ansteckenden Lachens.

Jaden ist ein intensiver und aufmerksamer Beobachter. Überzeugt ihn sein Gegenüber, verziehen sich seine Lippen ganz verschmitzt und man ist sicher, dass sich die Lichtgestalt wohlfühlt. Schreien habe ich den Buben bis heute nie gehört. Falls Jaden in Sachen schreien nicht kräftig zulegt, wird es Nam erspart bleiben den Dezibeltest zu bestehen.

Laut BMUM (Bundesministerium für Umwelt, Naturschutz, Bau- und Reaktorsicherheit) ist Lärm *„ein unerwünschtes lautes Geräusch. Geräusche entstehen durch Schwingungen und breiten sich in der Luft als Schallwellen aus. Die Stärke des Schalls, also die Lautstärke, kann man messen. Die Messgröße heißt Schalldruck, der angezeigte Messwert ist der Schalldruckpegel und wird in Dezibel angegeben."*
Wiederum laut BMUM hat das Ticken einer leisen Uhr, ein Landregen oder ein Flüstern eine Lautstärke von 30 Bd(A), Strassenlärm bei starkem Verkehr 80 Bd(A) und ein Flugzeugtriebwerk 120 Bd(A). Bei 120Bd(A) besteht die Gefahr von bleibenden Gehörschäden.

Trotz meinen intensiven Nachforschungen fand ich die wissenschaftlich ermittelte Dezibelzahl für Kindergeschrei in keinen offiziellen Statistiken von Ministerien. Nach meinen wenig akademischen Wahrnehmungen sollte diese Zahl irgendwo zwischen Strassenlärm und Flugzeugtriebwerk zu finden sein.

Innerhalb von Flugzeugen, aber auch in Shoppingcenters und Restaurants, bringen es die meisten Kinder fertig, dem Lärmpegel der Flugzeugtriebwerken nahezukommen. Was immer der Grund, die Eltern stehen vor einem wahren erzieherischen Härtetest. Die Kinder scheinen diese Konfliktsituation instinktiv zu spüren und nützen die Situation zumeist gnadenlos aus. In der Öffentlichkeit sind die meisten Eltern darum bemüht, dass sich ihr Kind möglichst ruhig verhält. Wollen sie eine Regel durchsetzen und das Kind wehrt sich mit lautem Geschrei, ist es äusserst verlockend dem Schreihals nachzugeben. Auf Kosten der konsequenten Erziehung. Böse Blicke von allen Seiten (ein paar verständnisvolle Augen von mitfühlenden Müttern sind auch dabei) und sogar lauthalse Einmischungen Dritter stürzen die Erzieher des Dezibelchampions in den Abgrund des Nachgebens. Eine Gratwanderung, die Nam bisher mit ihrem Jaden nicht ein einziges Mal durchklettern musste.

Statt Schreien kommt aus Jadens Mund fast im Stundentakt ein neues Wort in allen drei Sprachen. Nam spricht mit Jaden konsequent Vietnamesisch, Chris ebenso geradlinig Spanisch. Sind alle Drei zusammen, kommt auch noch das Schweizerdeutsch dazu, da Nam und Chris sich in dieser Sprache verständigen. Bei Christofs Eltern und auf dem Spielplatz gibt es weitere Möglichkeiten, schweizerdeutsche Ausdrücke zu erlernen. Interessant dabei, dass Nam und Chris ihre Sprachkenntnisse ebenfalls erweitern können. Schliesslich gibt es im Umgang mit einem Kind viele Wörter, die man im normalen Gebrauch mit Erwachsenen nie oder wenig benützt. Windeln, Töpfchen, Lätzchen, Rasseln, Eichhörnchen, Dachs, Aprikose, Pflaume, Sechseck, Feuerwehrauto, Zementwagen sind einige mögliche Knacknüsse - selbst für Sprachbegabte.

Auch das Wort „Nein" hat Jaden bereits verinnerlicht. Obwohl Nam dieses Alltagswort so wenig wie möglich benutzt. Stattdessen versucht sie bei jeder nötigen Gelegenheit, Jaden zu erklären, warum etwas nicht unbedingt gemacht oder gar wiederholt werden sollte. Ohne das „Nein" unnötig zu strapazieren. Natürlich ergeben sich auch Situationen, wo klein Jaden das „Nein" seiner Mutter auch ohne weitere Erklärungen akzeptieren lernen muss. Bei den Grosseltern kommt dieses Negativwort unweigerlich öfter vor und Jaden findet diesen Kurzausdruck auch sehr praktisch und vielseitig anwendbar.

Apropos Negativwort. Stilldemenz oder Schwangerschaftsdemenz. Diese Wortkreation habe ich zum ersten Mal von Mutter Nam gehört. Mit einer gehörigen Prise Schalk in ihren Worten. Chris bestätigt. Verwirrt habe er seine Frau vor der Schwangerschaft nicht gekannt. Eher klar strukturiert, alles im Griff, fast schon übertrieben voller (un)nötigen Informationen. Die Schwangerschaftsdemenz sei nahtlos in die Stilldemenz übergelaufen. Verlegte Schlüssel, vergessene Termine, unvollständige Einkäufe. Einmal sei es ihr doch tatsächlich gelungen, von drei Sachen, die ihre Mutter zum Einkauf wünschte, eine innert einer Stunde zweimal zu vergessen. Nach zwei Telefonanrufen an die Mutter schafften es alle drei Artikel in die Einkaufstasche. Chris legt noch einen drauf. Nam suchte verzweifelt nach dem Handy......gleichzeitig war sie mit diesem vermissten Gerät am telefonieren?!?

Tatsächlich gibt es eine Anzahl von interessanten Mythen rund um die werdende und stillende Mutter. Da wird von einer inneren, besonders schönen Ausstrahlung gesprochen. Das Essverhalten soll das Geschlecht des heranwachsenden Babys verraten. Bei viel Pizzagenuss ein Junge, bei übermässigem Schokoladenverzehr ein Mädchen. Auch ein runder oder spitzer Bauch soll das Geschlecht preisgeben.

„Jede Schwangerschaft kostet einen Zahn". Werdende Mütter achten heute darauf, dass die zusätzliche Calciumzufuhr stimmt. Überhaupt wird während der Schwangerschaft genauer auf das Essen geachtet, um mögliche Defizite an Mineralien und Vitaminen auszugleichen.

Die Forscher haben noch viel zu tun. Auch bei der Schwangerschafts- und/oder Stilldemenz scheint es bis heute keine wissenschaftliche Bestätigung dieses Phänomens zu geben. Eine kanadische Studie soll allerdings aufzeigen, dass mit einem weiblichen Embryo schwangere Mütter vergesslicher sind, als wenn sie einen Jungen austragen.

Zu diesem Thema habe ich meine eigene Theorie. Schlafe ich nur eine einzige Nacht aus irgendeinem Grunde schlecht, laufe ich am nächsten Tag wie ein Zombie durch die Gegend. Vergesslichkeit ist dann das wohl kleinste Übel. Schlechte Laune und Gereiztheit die grössere Plage. Stelle ich mir vor, während neun Monaten regelmässig beim Schlafen unterbrochen zu werden......kann ich mir das überhaupt nicht vorstellen. Nach der Geburt wird die Mutter mindestens zweimal pro Nacht aus dem Schlaf gerissen. Stillen ist angesagt. Bei mir wäre Stilldemenz die wohl geringfügigste Nebenwirkung des stetigen Schlafentzugs.

Ein weiterer Grund, warum eine werdende Mutter vergesslicher erscheint, ist sicherlich darin zu finden, dass sich die Prioritäten radikal verändern. Das ICH tritt völlig in den Hintergrund. Der totale Fokus gilt dem Fötus, Baby, Kind. Nam bestätigt dies. Alles, was mit Jaden zu Tun hat, ist in ihrem Hirn wie in

Granit gemeisselt. Da vergisst die Mama nie was. Denkt an alles. Ist da bevor etwas schief läuft.

Wo man den Schlüssel hingelegt hat, was man einkaufen soll, welche Termine ausstehen…..das sind doch alles banale Nebensächlichkeiten, mit denen man die Hirnmasse nicht unnötig zu belasten braucht.

Nam ist selber ziemlich überrascht, wie sich die Prioritäten geändert haben. Bevor sie schwanger wurde, sah sie sich als eher coole Tante, die von den Kleinen zwar gemocht wurde, jedoch nie der grosse Kindermagnet zum Spielen war. Sie genoss die Sprösslinge, war aber auch froh, sie wieder weiterreichen zu können. Über den Job einer Mutter machte sie sich vor der Schwangerschaft keine grossen Gedanken, hatte keine klaren Vorstellungen. Während den 40 Wochen der Schwangerschaft bekam sie durch Literatur und Gespräche mit Müttern erstmal eine Ahnung, was dieser Job in und an sich hat – physisch und psychisch.

Sie erinnert sich an den Moment, wo sie Klein Jaden aus dem Spital trug.
„Mit Chris hielt ich vor der Schiebetür vom Krankenhausausgang inne. Keine Formulare zu unterschreiben? Lassen die mich hier einfach aus dem Spital raus. Ohne Abschlusszeugnis, mit der Bestätigung, dass ich den Mutterjob beherrsche. Ohne eine Prüfung zu bestehen, darf ich dieses Wunder der Natur nach Hause nehmen."

Tatsächlich ist es schon verwunderlich, dass wir in der mit Gesetzen nur so strotzenden Schweiz Mutter und Vater werden können, ohne vorher eine spezielle Schulung zu durchlaufen. Ohne Examen, ohne Lizenz.

Will man heute einen Hund, geht ohne Formalitäten und Schulungen gar nichts. Will jemand einen Hund, der noch nie einen Hund gehalten hat, muss er vor dem Kauf eines Hundes eine Theorieprüfung bestehen. Dieser SKN (SachKundeNachweis) kostet rund SFR. 180.- und muss beim Kauf eines Hundes vorgelegt werden. In der Theorie lernt man alles über die Hundehaltung, Ernährung, Pflege, Rassen und Gesetze. Beim Tierschutzgesetz wird es richtig happig. Hunde haben nämlich Rechte:

Recht auf Sozialkontakt. Täglich müssen sie Kontakt mit Menschen und wenn immer möglich mit anderen Hunden haben.

In Zwingern sind Hunde paarweise oder in Gruppen zu halten. Hunde müssen täglich im Freien ausgeführt werden. Dort, wo kein Leinenzwang vorgeschrieben ist, wenn immer möglich ohne Leine.

Und so geht es munter weiter mit der Theorie.

Nach dem Kauf des Hundes folgt die praktische und obligatorische Ausbildung. Ebenfalls mit Prüfung und Lizenz. Dabei lernt der Hundehalter, wie man das Tier im Alltag unter Kontrolle hält. Vom Aufbau einer vertrauensvollen Beziehung bis zur Belohnung und Strafe ist da die Rede.

Ich könnte noch in viele weitere Details gehen. Für alle Eltern von Kindern hochinteressant. Parallelen zwischen Kindern und Hunden äusserst spannend. Und doch braucht es für die Erziehung von Kindern rein gar nichts an offiziell beglaubigter Ausbildung.

Wie bereits erwähnt, ist Nam ganz natürlich in die Rolle der Mutter hineingewachsen. Inzwischen übt sie diesen Job mit viel Engagement und Freude aus. Als sie Jaden vom Spital nach Hause brachte, versorgte sie ihr Baby nach bestem Wissen. Die Liebe zu ihrem Goldschatz wuchs von Tag zu Tag. Jetzt ist sie total und bedingungslos in ihn verliebt. Über diesen Prozess sprach sie viel und sehr offen. Der Babyblues blieb ihr vielleicht genau deswegen erspart.

Sie bezeichnet die Mutterarbeit als härtesten Beruf und auf eine ganz spezielle Art und Weise als unvergleichlich gehobener als all ihre bisherigen beruflichen Aktivitäten. Und Nam war in der hektischen Börsenwelt ebenso tätig wie in anspruchsvollen Kommunikations- oder Marketingjobs, inklusive Geschäftsführung einer Agentur.

Es gibt schlichtweg keine Vorbereitung auf das, was einem in der Tätigkeit der Mutter erwartet, ehe man selber in die Rolle schlüpft. Zeit für sich selbst bleibt praktisch keine. Ja, und eine Riesenbefriedigung hat man dabei alleweil.

Eine Mutter kann ALLE Berufsleute locker dazu herausfordern, wer nun den wichtigsten Beruf ausübt. In rund 270 Tagen bringt es eine Mutter fertig, das komplexeste Säugetier herzustellen. Über 200 Knochen, ein Gehirn mit mehr als 100 Milliarden Nervenzellen, 29 Organe von der Schilddrüse zu den Augen, der Harnblase bis zum Magen-Darm-Kanal, Blut, Herz und Lunge. Alles fein säuberlich verpackt in rund zwei Quadratmeter Haut (bei einem Baby ein Bruchteil davon) und bedeckt mit fünf Millionen Haaren. Davon 100.000 Kopfhaare.

Ingenieure, die äusserst komplizierte Roboter entwickeln und die mit solchen Tatsachen und Zahlen konfrontiert werden, verlieren den Rest ihrer Kopfhaare vor lauter Minderwertigkeitskomplexen. Die Maschinenmenschen bringen es noch nicht einmal fertig, einen Kaffee in eine Tasse zu giessen, geschweige denn diesen Kaffee zu trinken. Diesen Kaffee in Energie und Wachstum umzusetzen, davon kann ein Roboter nur träumen. Träumen können solche Dinger sowieso nicht.

Und doch ist die Wertschätzung für den Mutterjob auch heute noch viel zu gering.

„Die Mutter als Auslaufmodell".
„Oh, sie ist nur Mutter und Hausfrau".
„Was tut eine Mutter, um einen ganzen Tag totzuschlagen".

Die Liste solcher geringschätzigen Formulierungen könnte leicht erweitert werden. Da ich durch das Schreiben dieses Buches auf diesem Thema stark sensibilisiert bin, höre oder lese ich solche abwertenden Aussagen praktisch jeden Tag. Auch von fortschrittlichen und sogenannt gebildeten Journalisten und Politikern.

Da laufen solche gescheiten und sich selber liebenden Leute manchmal voll ins offene Messer:
„Wann haben sie während dem Mutterschaftsurlaub zum ersten Mal gespürt, dass sie wieder etwas Richtiges arbeiten und ihre Karriere weiterverfolgen wollen?"

„Verdammt noch mal! Eine Mutter und Familienmanagerin hat den wichtigsten, komplexesten, zeitaufwendigsten Job, den es überhaupt gibt. Kapiert das endlich!"

Bei werdenden Eltern gibt es jede Menge neue Herausforderungen zu bewältigen. Eine davon kommt aus einer überraschenden Ecke. Plötzlich ist das sportliche Auto zu klein. Ausgerechnet der vier Kilogramm schwere Säugling deckt auf, dass ein anderes Auto gekauft werden muss.

Jaden ist jetzt der Boss der Familie Ton-Frei. Er macht klar, dass der BMW M3 für all seine benötigten Utensilien nicht genug Platz bietet. Das fängt beim Verladen des Kinderwagens ins aerodynamische Auto an.
In den meisten europäischen Ländern ist es gesetzlich verankerte Vorschrift, dass Kinder bis und mit dem zwölften Lebensjahr und die kleiner als 150 cm sind einen speziellen Kindersitz im Auto benötigen. Falls Jaden schon mit acht Jahren die 150 cm-Grenze überschreitet, kann er ganz normal angegurtet durch die Gegend fahren. Im Schnitt kann man also für einen Sprössling drei bis vier Kindersitze kaufen, bis der normale Sicherheitsgurt genügt.

Beim Lesen, was ohne solche Sicherheitsgeräte alles passieren kann, danke ich allen Schutzengeln dieser Welt auf den Knien, dass meine Tochter die Fahrten im Döschwo (*Citroen 2CV*, auch *Ente* genannt) seinerzeit überlebt hat. Vor über dreissig Jahren gab es in solchen Autos weder Sicherheitsgurte noch den Begriff Kindersitz. Unter Airbags verstanden wir im besten Fall farbige Ballone, die in den Himmel steigen. Bei dem dünnen Karosserieblech wäre das Kultauto durch sämtliche Crashtests gefallen.
Ich habe Fotos, die belegen, dass vier Kinder auf dem Hintersitz standen, sich an einer dünnen Metallstange mit den Händen festhielten und bei geöffnetem Faltdach vor lauter Lust und Freude in den Himmel jauchzten und die Haare im Fahrtwind flattern liessen. Während einer solchen Fahrt verlangten die Kinder auch noch lauthals, dass ich mit dem Auto möglichst viel schaukle. Das konnte der Döschwo mit seiner äusserst weichen Federung besser und extremer als alle anderen Autos. Laute Musik verstärkte die Glückseligkeit auf einer solchen ungeschützten Achterbahnfahrt. Die

beschirmenden Engel, auf den Fotos nicht erkennbar, haben ganze Arbeit geleistet.

Jaden fährt wohl behütet in einem *Jeep Grand Cherokee* durch die Gegend. Hätte dieses bullige Auto einen Frontalcrash mit einer Ente, würde der Döschwo einen Totalschaden erleiden und der Jeep hätte im schlechtesten Fall einen Kratzer an der Stossstange.

Das Raumangebot des *Grand Cherokee* bietet mehr als genug Platz für Jadens Spielsachen, Plüschtiere und Drinks. Kinderwagen, Baby-Tragehilfe und Windeltasche schluckt das Auto, ohne dass der packende Vater Chris irgendwie ins Schwitzen kommt.

Fahrten im Auto sind für Jaden eher die Ausnahme. Nam besitzt keinen Führerausweis. Sie kennt und schätzt den öffentlichen Verkehr. Für Fitness ist gesorgt. Zuerst geht es mit Jaden und Taschen unter dem Arm 82 Treppenstufen runter, dann weitere 14 in den Keller. Dort holt Nam den Kinderwagen, setzt Sohnemann rein und meistert die 14 Stufen retour und weitere drei raus auf die Strasse für die Erkundungstour. Zu Fuss und den ÖV benutzend entdecken die beiden die Welt, besuchen immer wieder neue Spielplätze, kaufen ein und ja, gehen ab und zu mit Freunden Kaffee trinken.

Nam und Jaden sind ein Paar. Durch Jadens Augen sieht auch Nam eine ganz andere Welt. Eine Welt, die sich schnell dreht, täglich neue Fortschritte bei Jaden aufzeigt und eine Welt, die vor Glückseligkeit nur so strotzt.

O-Ton Mutter Nam

„Als Walti mich für das Mitwirken am Buch anfragte, war ich begeistert und fühlte mich auch gleich angesprochen. Nicht etwa nur wegen der unterschätzten Mutterrolle. Ich gehörte vor weniger als zwei Jahren selber zu jenen, die (k)einen blassen Schimmer von der Arbeit einer Mutter hatten. Vielleicht auch weil ich (un)wissend geschickt die Gedanken um die Wahrheit des Mutterjobs weit von mir schob. Ich selber hätte zur damaligen Zeit Waltis Test nur mit Ach und Krach über-, ähm, bestanden, das Buch dann auch rasch weggelegt und mich wieder der ‚richtigen Arbeit' gewidmet. Dank Jaden stehe ich nun auf der anderen Seite des Spiegels. Das Beschriebene ist mein Alltag und ich finde es herrlich. Ich bin auch sehr dankbar, dass Chris und ich uns die Aufgaben aufteilen können. Denn nicht nur Mütter, sondern auch Väter, die sich so wunderbar in der Erziehung einbringen wie Christof es tut, wachsen in die wunderbare Rolle hinein.

Apropos wachsen. Aus der vermeintlichen Gedächtnisschwäche wachse ich nach dem Abstillen allmählich wieder heraus. Obwohl auch Freundinnen ohne Kinder mir schon ähnliche oder schlimmere kopflose Situationen als diejenige mit dem Handy gebeichtet haben. Ich bin also in bester Gesellschaft :-).

Jaden ist jetzt 16 Monate und bringt uns mit seinem herzlichen und immer noch ruhigen Gemüt täglich zum Lachen und zum Staunen. Jeden Tag wartet das Abenteuer Leben auf uns.

Ach ja. Und zum Thema ‚Mamis und Kinder sind immer am Kaffee trinken', welches ja auch gemäss Walti zu den Vorurteilen vieler Menschen gehört. Es klingt nach einer sehr angenehmen ‚Schoggibeschäftigung' – ‚chli mit de Fründin go käffele'. In der Theorie zumindest. Was heisst das in der Praxis, wenn man den Versuch wagt, sich einen Kaffee ausserhalb des eigenen Heimes zu genehmigen?

Ist das Kleinkind wie Jaden durchschnittlich aktiv, vielseitig interessiert, bereits gut zu Fuss und noch besser als Kletterer unterwegs, ist man ausser den ersten 54 Sekunden seiner Anklimatisationsszeit an die Umgebung mit Aufpassen und Ablenken beschäftigt. Die Zeit vergeht im Fluge und der Kaffee ist bis zum nächstmöglichen Schluck bereits kalt. Mitgebrachte Spielutensilien werden für sieben Sekunden beäugt, bevor Jaden sich dafür entscheidet, dass die Wendeltreppe oder das Umdekorieren des Cafés doch interessanter ist. Mittlerweile habe ich fast ausschließlich auf Kaltgetränke und somit temperaturunabhängige Getränke umgestellt. Meine Kaffeegspänlis sind sich daran gewöhnt, dass ich mich auch im Stehen, Laufen und bis zu vier Metern Entfernung immer noch sehr konzentriert unserem Gespräch widmen kann. ‚Chli mit de Fründin go käffele' heisst in der Realität das Absolvieren eines Gigathlons mit den Disziplinen Kniebeugen, Zuhören, Springen, Antworten und Gewichtheben. Inklusive Kleinkind füttern, wickeln, Jadens Gesicht und Hände sauber halten, trösten und mit ihm lachen. Gleichzeitig den Sinn des Lebens mit der Freundin vertieft besprechen.
…..Aber ja, es ist immer noch eine willkommene Abwechslung für alle: die Mama, das Kind und hoffentlich auch für das Kaffeegspänli.

PS: Jaden wird tagtäglich vifer, geschickter und auch stärker. Beim mit Walti vor nicht allzu langer Zeit gespielten ‚Fenster öffne dich' ist er schon erfolgreich. Und siehe da, unsere neue Fenstersicherung ist Jaden-proof...noch...
Aber bis wir uns etwas anderes ausdenken müssen, hat unser Strahlemann von Sohn hoffentlich verinnerlicht, wie weh, ‚đau', ‚duele' oder auch simpel ‚aua' ist...sprich, wie gefährlich dies ist."

2- bis 3-jährig: Maya und Mutter Edith

Obwohl wir hier schon beim dritten Kapitel sind, muss an dieser Stelle erwähnt sein, dass dies der allererste geschriebene Abschnitt meines Buches darstellt.
Ich hatte mir vorgenommen verschiedene Mütter zu kontaktieren, diese in einem Mutter-Alltag zu begleiten, mit ihnen zu diskutieren und pro Kinderjahr, pro Kind und pro Mutter ein Kapitel zu schreiben.

Und gleich zum Start meines Schreibabenteuers gelang es mir, mit voller Kraft ins offene Messer einer mir grundsätzlich wohlgesinnten Frau und Mutter zu laufen. Ich telefonierte Edith, die Mutter von Maya, erklärte ihr kurz meine Buchidee und wollte mit ihr und Maya einen Termin vereinbaren. Da ich wusste, dass Edith einen 50%-Teilzeitjob belegt, fragte ich sie ganz unschuldig, an welchen Tagen sie arbeite. Ich wollte lediglich herausfinden, wann ein Begleiten eines ganz gewöhnlichen Mutter-Alltags denn genehm sein könnte. Die geduldige Antwort von Edith war für mich so überraschend wie völlig logisch.
„Ich arbeite jeden Tag. Falls du allerdings wissen willst, wann ich mich in der Firma erhole und dafür auch noch bezahlt werde, kann ich dir sagen, an welchen Tagen ich ins Büro fahren darf.“

Uuuuups!!! Der perfekte Fehlstart.
Eine Mutter arbeitet! 7x24.

Wer das noch nicht kapiert hat, soll zurück auf Startposition 1 und den Test, der im Prolog (Seite 11) beschrieben ist, bestehen.
Edith tröstete mich mit einem Beispiel, das aus einer ganz anderen Ecke daherkam. Und das von einem Mann, der es eigentlich besser hätte wissen müssen und der mir in Sachen Bildung weit überlegen ist. Edith plagten Rückenschmerzen und nach einer intensiven Kontrolle folgerte der von Universitäten bestens geschulte Arzt, dass sie sich verschiedenen Therapien unterziehen solle. Er füllte pflichtbewusst einen für den Arbeitgeber bestimmten Zettel aus. Dieser besagte, dass sie während den folgenden drei

Wochen zu fünfzig Prozent arbeitsunfähig sei. Der Arzt war sich natürlich nicht bewusst, dass Edith mit diesem Arztzeugnis (50% des 50-prozentigen Teilzeitjobs und 50% des 100-prozentigen Mutterjobs) ihre Arbeit um 75% reduzieren sollte.

Sollte... denn sie konnte natürlich nicht. Der hundert prozentige Mutterjob blieb voll bei ihr hängen und die Reduktion auf 25% Teilzeitarbeit half den lädierten Bandscheiben auch nicht allzu viel. Der Arzt ist sich bis zum heutigen Tage nicht bewusst, dass Edith mehr als 25% arbeitet und geht davon aus, dass seine verschriebene Arbeitsreduzierung dem Rücken viel Gutes tun wird.

Ich habe mir ein bisschen Zeit genommen herauszufinden, was im Google unter typischen Frauenberufen so alles gehandelt wird. Friseurin, Verkäuferin, Kellnerin, Erzieherin, Kosmetikerin, Masseurin, Prostituierte, Fusspflegerin, Putzfrau, Kindergärtnerin, Krankenschwester und ja selbst Nonne werden da etwa erwähnt.
Nirgends, aber wirklich nirgends, finde ich das Wort *Mutter* als Berufsbezeichnung. Auch nicht unter der Vielfalt der seltenen Frauenjobs wie Astronautin, Baggerführerin, Ingenieurin oder professionelle Schwergewichtsboxerin. Kein Wunder also, dass der Arzt und ich, wider besseres Wissen, Mutter und Arbeit nicht im ersten Anlauf auf denselben Nenner gebracht haben. Das Messer wartet geduldig auf weitere berechtigte Stiche.

Nun aber zu Maya und Mutter Edith.
Maya: ein bildhübsches vor Gesundheit strotzendes Mädchen. Ein wahr gewordener Kindertraum.
Maya entschied schon vor vielen Jahren, dass sie die noch eher seltene Kindermischung aus Quito, Ecuador und Melchtal, Schweiz verwirklichen wollte. Bis es allerdings soweit war, galt es einige Hürden zu überwinden.

Edith entschloss sich bei einer Bergsportfirma eine neue berufliche Herausforderung anzunehmen. Seit 150 Jahren produziert diese Firma robuste Bergseile und hat über die Jahre die Produktpalette enorm erweitert. Inzwischen bietet sie Schuhe, Kleider, Karabinerhaken, Rucksäcke, ja selbst über zehn verschiedene Stirnlampen an. Auch für Kinder gibt es unter dem noblen Namen *Ophir Kids* einen Klettergurt der Extraklasse.

Vor dem Stellenantritt plante Edith eine längere Trekkingtour in die südamerikanischen Berge. Sie wollte sich in die internationale Bergweltkultur des neuen Arbeitgebers einleben. Mit Skiern und auf dem Mountainbike hatte sie bereits viele Höhenkilometer in den Bergen hinter sich gebracht, mit Trekken wollte sie nun die steilen Wege ganz direkt mit den Füssen erkunden.

Auf dieser Tour traf sie den lokalen Guide Alex Cadena. Auch er war ein Mountainbike Spezialist und wurde nur für diese Trekkingtour nominiert, weil innert Kürze ein Ersatzmann gefragt war. Damit war der erste gemeinsame Nenner erreicht: Zwei Mountain-bike-Enthusiasten zum ersten Mal auf einer Trekkingtour.

Mayas Plan, ihre Quito-Melchtal-Mischung über die Kontinente hinweg zu verwirklichen, war ganz schön ehrgeizig, nahm aber immer konkretere Formen an. Einige Monate später schaffte es Alex, einen Job als Fahrradmechaniker bei einer Biker Renngruppe zu ergattern. Diese Renngruppe war aus Topradfahrern aus verschiedenen südamerikanischen Ländern zusammengestellt. Sie entschlossen sich während rund sechs Monaten an mehreren Strassenrennen in Europa teilzunehmen. Maya schuf damit die perfekte Plattform für weitere, immer romantischere Treffen von Edith und Alex, bis hin zur Hochzeit in Ecuador, Visageschichten ohne Ende und der Übersiedlung von Alex in die Schweiz.

Maya war clever genug nicht als erstes Kind von Edith und Alex auf die Welt zu kommen. Sie schickte ihre Schwester Rebeca schon mal vor, wohl wissend oder mindestens vermutend, dass Edith bei der ersten Geburt Lehrgeld zu zahlen hatte. Vierzig Stunden Wehen, stossen, ziehen, fluchen, weinen, lachen, schreien, schwitzen, gebären. Alles enorm heftig. Auch Rebeca wird sich womöglich bei einer zukünftigen Hypnosesitzung an dieses qualvolle Verlassen aus dem Mutterleib erinnern.

Maya hatte allerdings nicht damit gerechnet, dass dieser freiwillige Vortritt an Rebeca ihre eigene Ankunft auf dem blauen Planeten in Frage stellen sollte. Edith überlegte sich nach diesem freudigen Ereignis ganz ernsthaft, ob sie eine ähnliche Adrenalinbombe noch einmal zünden konnte oder vielmehr wollte. Sie konnte und wollte. Allerdings benötigte sie für diesen Entschluss ein paar Jahre, um die schmerzenden Gedächtniszellen absterben zu lassen - und eine hinreissend bezaubernde Rebeca, die selbst Kindermuffel dazu brachte, über die Zeugung von eigenem Nachwuchs nachzudenken.

Maya plante etwas weniger spektakulär, sprich weniger schmerzend, auf den schönsten Himmelskörper des Universums zu gelangen. Edith verzichtete auf jegliches frauliches Machogehabe und war bereit, etwas mehr Hilfestellung bei der Geburt zu akzeptieren. Gerechnet von den ersten Wehen bis zum alles erlösenden ersten Schrei war Maya rund fünfmal schneller als Rebeca.

Nun ist Maya schon bald stolze drei Jahre alt. Wie bereits erwähnt ist sie kerngesund. Obwohl sie schon an der achten Erkältung oder Blasenentzündung innert den letzten zehn Monaten herumlaboriert. Dank dem Kindergartenbesuch sorgt Rebeca dafür, dass sämtliche Viren und Bakterien mit ihr nach Hause kommen. Maya umarmt diese Erreger völlig unbewusst, aber mit einer treffsicheren Regelmässigkeit. Diese Erkältungen halten Mayas Immunsystem auf dem neuesten Stand und die Eltern auf Trab. Schlaflose Nächte für die ganze Familie sind Programm. Stimmt so nicht. Die Kinder finden immer irgendwie Schlaf, nur die Eltern suchen oft vergeblich die dringend nötige Nachtruhe. An so manchem Morgen werden die massiv schlafgestörten Edith und Alex mit ihren zwei putzmunteren Golden Girls konfrontiert. Statt sich ob dieser enthusiastischen Kinderenergie zu nerven, holen die beiden von dieser jugendlichen Vitalität die nötige Kraft, um über die Runden zu kommen. Einzig bei einer längeren Autofahrt, wenn zuerst Maya, dann auch Rebeca völlig entspannt einpennen, kommt ein bisschen Schlafneid bei den müden Eltern auf.

Schwer zu glauben ist die angeblich wissenschaftliche Methode, bei depressiven Menschen auf Schlafentzug zu setzen. Schon eher nachvollziehbar ist es für mich, dass Schlafentzug eine bewährte Foltermethode ist. Bei mir hat mangelnder Schlaf jedenfalls zur Folge, dass meine Energie zusammenbricht, dass ich viel schneller gereizt reagiere und mein Hirn auf Sparflamme zurückflackert. Wie das Mütter über längere Zeit scheinbar locker wegstecken, bleibt ihr Geheimnis.

Vielleicht kann Maya einen Teil von diesem Geheimnis lüften. Zwischen dem zweiten und dritten Lebensjahr kommt bei den meisten Kindern ein unbändiger Drang auf, zu helfen und möglichst alles selber zu machen. Da bleibt auch Maya keine Ausnahme. Tatkräftig steht sie auf einem Stuhl, um ihrer Mutter beim Abwasch zu helfen. Dank dieser Hilfe wird alles Geschirr gleichmässig schmutzig und Wasser ist am Schluss der Arbeit überall in der Küche anzutreffen, nur nicht im Waschbecken. Auch Mayas Kleider sind inzwischen so nass und schmierig, dass sie ausgewechselt werden müssen. Selbstverständlich benötigt Edith dank dieser grosszügigen Kinderhilfe rund viermal mehr Zeit um selbige Arbeit zu verrichten. Mayas Begeisterung für Haushaltsarbeiten kennt keine Grenzen und sie sorgt dafür, dass Mama über alles nötige Mass beschäftigt bleibt. In drei, vier Jahren wird Maya all diese Jobs in der original schnellen und effizienten Zeit erledigen können. Leider nimmt dann im Normalfall die Begeisterung, solche Hilfe zu gewähren, proportional ab.

Alles selber machen gehört ebenfalls zu Mayas Tatendrang. Sich selber anziehen, die Füsse in die Schuhe zu würgen gehört dazu. Das Würgen kommt oft daher, dass der linke Schuh an den rechten Fuss passen muss und umgekehrt. Auch das T-Shirt schafft es eher selten im ersten Anlauf korrekt bei Maya anzukommen.

Selber macht Maya zudem in die Windeln. Während dem Tag kann es aber schon mal passieren, dass die Kleine auf der Toilette üben will. Was für Edith nicht unbedingt zeitsparend ist. Vor allem nicht mitten im Shoppingcenter. Bekanntlich findet man die Toiletten nur nach längerem Suchen und einmal gefunden, darf man einen kilometerlangen Marsch auf sich nehmen, von dem

Treppensteigen ganz zu schweigen. Endlich dort angelangt, will und/oder kann das Kind nicht mehr, weil es nicht mehr will oder kann, oder weil sich das ganze bereits in die Windeln erledigt hat.

Die modernen Windeln sind Fluch und Segen zugleich. Dank der enormen Saugkraft suggerieren sie dem Kind, dass Urinieren null Folgen hat. Das Kind bleibt völlig trocken, wirklich kein Grund, etwas Neues auszuprobieren. Es sei denn, das dicke Braune kommt hinten raus. Wie sich das anfühlt, haben wir Grossen längst vergessen, wir wissen aber immer noch, wie sich das anriecht. Die Kleinen scheint dieser Duft nur in seltenen Fällen zu stören. Manche Eltern haben sich schon Sorge gemacht, ob ihr Sprössling den Geruchssinn vermissen lässt und die Nase lediglich zum hemmungslosen öffentlichen Bohren mit dem Zeigefinger benutzt. Das Gefühl des dicken Braunen kann so schlimm auch nicht sein; wie sonst ist es zu erklären, dass sich die Goldschätzchen stundenlang darin weichsitzen, ohne eine Miene zu verziehen.

Früher war das schon ein bisschen anders. In warmen Regionen hatten die Mütter ein vergleichsweise leichtes Spiel: Der Säugling konnte praktisch nackt aufgezogen werden. Selbst bis zum heutigen Tag sollen die Mütter und Grossmütter in armen Ländern immer noch den Instinkt besitzen, der ihnen hilft, ein Urin-und oder Stuhlgang-Ereignis zehn Sekunden im Voraus zu prognostizieren. Genug Reaktionszeit, um das Kind von sich zu halten, damit das Geschäftchen ohne zusätzlichen Schaden über die Runden gehen kann.

In kühleren Regionen muss sich schon bald eine etwas kompliziertere Lösung aufgedrängt haben. Ein Eskimobaby hätte das Nacktsein wohl nicht lange geschätzt. Die Kleider aus Fell waren auch nicht allzu leicht waschbar, von der Zeit bis zur Trocknung ganz zu schweigen. Bei meinem nächsten Trip nach Grönland werde ich der Historie der Eskimo-Windeltechnik nachgehen. Hier in der Schweiz soll man die Lösung bei der Tierhaltung abgeschaut haben. Stroh und Heu garantierten schon mal für ein etwas saugfähiges und luftdurchlässiges Ergebnis. Der nächste Schritt war eine Kombination von Heu und Stroh und Tüchern. Und schon bin ich bei meiner Generation angekommen. Heu und Stroh waren bei mir bereits Windelgeschichte.

Tücher, Papier und Gummihosen in. Das ganze praktisch luft- und feuchtigkeitsundurchlässig. Das ergab einen Hintern, der sich in einem feuchtwarmen, luftdichten Klima alle möglichen Infektionen und Rötungen holte. Nicht gerade ein Dauerzustand, den sich ein durchschnittlich intelligentes Kind wünscht.

Darum meine Behauptung, wissenschaftlich überhaupt nicht unterstützt, dass sich die Kleinen von heute viel länger in den Pampers wohlfühlen und der Gang auf die Toilette dadurch um Monate, wenn nicht um Jahre hinausgezögert wird. Man braucht Videos, Spielsachen und vielleicht sogar Süssigkeiten, um den allerersten Gang aufs Töpfchen zu beschleunigen.

Mit meinem Grosskind Lani schaffte ich diesen Schritt mit einem Video. Während Wochen sass ich mit ihr vor dem Fernseher, um ein Töpfchen-Training-Video anzuschauen. Da gab es verschiedene Kinderszenen, die immer mit der Frage endeten, ob dieses Verhalten eher für Babys oder für grosse Kinder angemessen sei. So zum Beispiel ein Kind, das sich eine Schokolade über das ganze Gesicht schmiert, während das andere gleichalterige dieselbe Süssigkeit genüsslich ins Maul schiebt. Und so weiter und so fort mit vielen ähnlichen schwierigen Situationen und Fragen. Lani wusste immer die richtige Antwort. Auch bei der Frage, wohin die Exkremente gehören: In die Windeln oder ins Töpfchen? Zum Schluss gab es einen geisttötenden Refrain: *„No more diapers for me, I am a big kid now"* (*„keine Windeln mehr für mich, ich bin jetzt ein grosses Kind"*). Lani sang diesen Song während Wochen mit voller Inbrunst, um Minuten später die ganze Sauce in die Windeln zu entleeren. Dies bedingte eine weitere Videosession und als Resultat konnte ich diesen Song auch mitten in der Nacht nicht aus meinem Kopf entfernen.
Irgendwann wurde es Lani zu bunt oder das Video langweilte sie...endlich. Sie marschierte stolz aufs Töpfchen und wir durften es nicht entleeren, bis ihr Papi das grosse Glück bewundern konnte.

Ich bin jetzt damit beschäftigt, dieses Töpfchen-Training-Video für Alex zu besorgen. Mal schauen, wer in diesem Gedulds- und Nervenspiel zuerst kapituliert: Maya oder Alex.

Ediths Rezept für weniger Stress hat drei wichtige Zutaten: eine nur halbvolle Tasse Planung für den bevorstehenden Alltag und nur eine winzig kleine Prise Perfektion. Von beiden Zutaten ist weniger mehr und versüsst das Tagesergebnis enorm. Oben drauf gehört eine grosse Kanne Gelassenheit und genussvolle Stunden mit den Kindern sind vorprogrammiert.

Mit diesem Rezept versucht Edith jeden Tag anzugehen und sich nicht allzu viel vorzunehmen. Klar haut dies nicht immer hin. Den Kindern gelingt es auch bei einem mit wenigen Aufgaben gespickten Tag für volle Action zu sorgen. Der Tag darf auch mal im totalen Chaos enden und Ediths sanftes Lächeln wirkt immer noch authentisch. Falls mal das absolute Chaos zu überborden droht oder bereits überbordet ist, gibt es einen genialen Babysitter im Haus. Ein Knopfdruck und es kehrt eine magische Ruhe ein. Natürlich ist magische Ruhe leicht übertrieben, denn der Fernseher stösst schliesslich auch einige Dezibel in die gute Stube. Je weniger diese Flimmerkiste zur Beruhigung der Kinder eingesetzt wird, desto grösser die einlullende Wirkung. Mayas und Rebecas überschäumender Tatendrang wird eher selten durch die Glotze gebremst, aber Edith greift ohne Schuldgefühle zu diesem ach so willkommenen Beruhigungsmittel.

Zur Beruhigung trägt nicht unbedingt bei, dass Maya die faszinierende Wirkung der Sprache entdeckt hat. Als fast Dreijährige ist ihr sprachliches Talent schon weit fortgeschritten. Da kommen schon mal zusammenhängende Sätze daher, die viel zum täglichen Staunen und Lachen beitragen. Laut Edith hat Maya die erste *„warum"*-Phase bereits hinter sich, die zweite *„warum"*-Welle wird sicherlich in Bälde daherbrausen. Gegenwärtig ist *„nein"* das faszinierendste und bei weitem das meist angewendete Wort. Das läuft dann in etwa so ab:

Edith zu Maya: *„Willst du die pinken oder die gelben Sandalen anziehen?"*
Maya: *„Nein."*
Edith: *„Willst du gar keine Sandalen anziehen?"*
Maya: *„Nein."*

Edith: *„Will heissen du willst nichts anziehen?"*
Maya: *„Nein."*
Edith: *„Was willst Du denn?"*
Maya: *„Nein."*
Edith wechselt die Fragestrategie: *„Die gelben Sandalen gefallen dir also nicht?"*
Maya: *„Nein."*

Die Antwort von Maya kann man interpretieren, wie es einem gerade so gefällt. *„Nein, die gelben Sandalen gefallen mir nicht."* Oder: *„Nein, die gelben Sandalen gefallen mir."* Edith beschliesst sich mit Maya nicht in eine doch etwas heikle und auch umstrittene Deutsch-Diskussion verwickeln zu lassen. Sie beendet ihre eigene Fragerei und ersetzt sie durch resolute Action. Sie zieht Maya kurzerhand die pinken Sandalen an. Maya ist begeistert, denn, oh Wunder, Mayas Lieblingsfarbe ist pink. Edith hätte es sich auch leichter machen können und gleich am Anfang ohne irgendwelche Fragen Maya die rosa Sandalen anschnallen können. Aber die Welt wäre eine schnuckelige Konversation ärmer und Maya hätte ihre *„Neins"* vielleicht in einem viel entscheidenderen Punkt angewendet. Warum Maya auch gelbe Sandalen hat, ist darauf zurückzuführen, dass es tatsächlich noch einen Onkel auf dieser Welt gibt, der DIE Farbe der kleinen Mädchen nicht kennt.

Die meisten und regelmässigsten „Neins" kommen von Maya beim Haarekämmen und beim Zähneputzen. Zum Glück hat ihr bester Freund bereits ziemlich grässlich schwarze Beisser und Edith muss lediglich seinen Namen erwähnen und die Kleine greift entschlossen zur Bürste mit der fein schmeckenden Zahnpasta.

Die Hersteller von Zahnpasta haben sich einiges einfallen lassen, um den Kindern die Bürsterei schmackhaft zu machen. Obwohl die Zielgruppe mit Lesen noch nicht viel am Hut hat, überschlagen sich die Produzenten der Karieskiller nur so mit Werbeslogans:

„Kennst Du schon das leckere, glitzernde Blendi Gel mit frischem Himbeergeschmack?" fragt etwa die *Blend-a-Med*-Forschung die zweijährigen

Milchzahn-Konsumenten. *Colgate* geht da zielgruppengerechter vor, indem sie die Tube mit grossen Zähnen zeigenden Tiergesichtern verschönert. Da besteht doch schon eher die Möglichkeit, dass die Knirpse im Laden zugreifen, obwohl Zahnpasta gar nicht auf dem Einkaufszettel steht.

Elmex doziert geradezu wissenschaftlich und zählt offenbar auf wissbegierige Eltern, die nur das Beste für ihre Jüngsten wollen: *„Elmex bildet eine Kalziumfluorid-Deckschicht auf dem Zahnschmelz, macht die Zähne widerstandsfähiger gegen kariesbedingten Mineralien-Abbau."*

Wie dem auch sei, Maya putzt die Zähne, weil ihr die schwarzen Beisser ihres Freundes nicht gefallen und weil die Farbe der Zahnpasta, der Leser hat es erraten, rosafarben ist.

Wo und wie hat Maya das Wort *„Nein"* gelernt? Hat ihr Hirn einfach mal diese magisch negative Buchstabenfolge zusammengestellt? Wohl kaum. Schon eher hat der Papagei in dieser Sache ein gewichtiges Wort mitgeredet. Denn das Wort *„Nein"* ist in Mayas Alter ein Wort, das jedes Kind aus allen Ecken und Situationen hört:

„Nein, nicht berühren!......Nein, nicht in den Mund nehmen!....Nein, nicht auf den Stuhl klettern!....Nein, das wird ausgegessen!....Nein, das gehört deiner Schwester!....Nein, in der Nase bohrt man nicht mit dem Bleistift!....Nein, in der Nase bohrt man überhaupt nicht!....Nein, den Kaugummi klaubt man nicht von der Strasse!....Nein, man steckt sich diesen auch nicht in den Mund!....Nein, und schon gar nicht in die Nase!"

Kein Wunder machte da auch Maya keine Ausnahme und schloss sich dem Kinderreigen an: *"Nein und nochmals Nein!"*

Maya kann die negative Form hie und da auch äussert schnuckelig, wenn auch rätselhaft anwenden. Letzthin schmuste sie Edith so stark, dass diese kaum mehr dazu kam, Luft zu schnappen. Tausend Küsse über das ganze Gesicht. Die Liebesbezeugungen starteten mit dem Satz: *„Ich ha di nid gärn Mami"* (Ich liebe dich nicht Mami).....Geendet hat diese Interaktion zuckersüss; mit einem intensiven Mayakuss.

Von den Zähnen, übers Nein nun aber wieder zurück aufs Reden. Maya ist bereits zweisprachig. Wenn Alex nach Hause kommt wird er mit schnellen spanischen Wörtern nur so überflutet. Schaut sie Edith an, kommen die Sätze völlig automatisch Deutsch daher. Falls es die Umstände erlauben, sollte jedem Kind das Geschenk der Mehrsprachigkeit in die Wiege gelegt werden. Der Papagei ist bei Kindern im jungen Alter besonders aktiv und das Gehirn so aufnahmebereit wie ein trockener Schwamm, der plötzlich mit viel Wasser konfrontiert wird.

Rebeca und Maya spielen auf Deutsch. Bei meinem Besuch waren die beiden, trotz sommerlicher Hitze, mit einer Kuscheltier-Weihnachtsparty beschäftigt. Rebeca gab ganz klar den Ton an und Maya war nur allzu gerne bereit, den Instruktionen zu folgen. Zehn Kuscheltiere wurden in Reih und Glied aufgestellt. Schön einträchtig sassen Löwe und Reh, Bär und Biene, Katz und Maus nebeneinander und warteten der Dinge, die da kommen sollten. Rebeca entschloss sich für jedes Kuscheltier mindestens ein Geschenk vorzubereiten. Der Löwe erhielt nicht etwa ein Reh im Päckchen, sondern eine Barbie Haarbürste, wohl deshalb, weil die Löwenmähne recht unordentlich daherkam. Für das Reh musste ein Joggingschuh eingepackt werden. Meine Vermutung geht dahin, dass dem Reh dank superleichtem Joggingschuh die Fluchtchance verbessert werden sollte. Schliesslich konnte man ja nie wissen, wann dem friedlichen Löwen der Magen knurrte. Wie eine Flucht mit nur einem Schuh gelingen sollte, war mir allerdings nicht ganz klar.

Und so wurde jedes Geschenk sorgfältig ausgewählt, verpackt und geschnürt. Das ganze Kinderzimmer drohte im Geschenkpapier, nicht auserlesenen möglichen Geschenken, Bändern, Klebern und Papierschnitzeln zu versinken. Maya versuchte verzweifelt etwas Ordnung in das von Rebeca inszenierte Kuddelmuddel zu bringen, mit dem vorauszusehenden Resultat, dass das Durcheinander immer grösser wurde.

Rebeca war gerade mit dem neunten Präsent beschäftigt, als grosses Unheil über das so friedliche Kinderzimmer hereinbrach. Maya hatte entweder eine Konzentrationslücke oder sie versuchte sich in Gehorsamsverweigerung. Viel eher war es aber die unstillbare Neugier von einer dreiunddreissig Monate alten Knirpsin. Was immer die Motivation, Maya machte sich intensiv ans Auspacken, wohl nicht wissend, dass Weihnachten noch ein paar Minutentage von der Gegenwart entfernt war.

Rebeca war derart mit dem Verpacken einer sich sträubenden nackten Barbie beschäftigt, dass sie Mayas Auspackerei erst bei der fünften Katastrophe bemerkte. Ihr bereits gut gebräuntes Gesicht lief noch eine klare Spur dunkler an, die Nackenhaare stellten sich furios auf und die halb verpackte Barbie flog hilflos durch die Luft. Rebecas Schrei war auch für die hoch konzentrierte Maya ein echter Schock und mit grosser Sorge äugte sie ihre ältere Schwester, wie sie scheinbar ohne Erfolg nach Luft schnappte. Gute dreissig Sekunden nachdem Rebeca die Lungen zu füllen begann, fand sie die Kraft, die gesamte Luftmenge innert zwei Sekunden aus ihrem Körper herauszupressen. Das Resultat war eine Sirene, die das ganze Haus aufschrecken liess und schon bald wurde klar, dass die Weinkrämpfe einige Zeit anhalten dürften. Ediths Ohren sind dermassen fein getuned, dass sie nicht nur sofort erkennt, von welchem Mädchen die Wehrufe kommen, sondern auch weiss, was das Sirenengeheul in etwa zu bedeuten hat. Ganz entspannt blieb sie bei mir in der Küche sitzen und beruhigte mich. Rebeca habe sich sicher nicht verletzt, denn eine Blessur verursache eine ganz andere Tonlage des Hilfeschreis. Nur Mutterohren können aus dem Kindergeschrei derart genaue Informationen herausfiltern.

Ein etwas zu süsser Orangensaft beruhigte Rebeca erstaunlich schnell und auch Maya verhalfen die zuckerigen Teufelchen zur Besänftigung der stark strapazierten Nerven. Selbst als Rebeca zu allem Unglück ein halbes Glas klebrigen Zuckersaft über ihre und Mutters Kleider goss, kam keine Hektik auf. Im Nu stand Rebeca nackt vor uns und wartete auf eine frische Ladung Kleider. Meine leise Hoffnung, dass Edith es der kleinen Rebeca gleichtun möge, wurde schnell geknickt und der doppelte Küchenstrip blieb aus.

Schon bald nachdem die zwei grösseren Damen frisch gekleidet an den Küchentisch zurückkehrten, kam die Frage, was nun als nächstes im Familienprogramm anstehe. Das Kinderzimmer wieder in Ordnung zu bringen war keine gute Idee. Edith pochte auch keine Sekunde darauf, denn sie realisierte sofort, dass dafür das Timing denkbar schlecht war.

Nach draussen gehen war in einer solchen Situation angesagt. Und draussen hat die Familie Cadena eine schweizweit beispiellose Art sich fortzubewegen. Als begnadeter Velomechaniker konstruierte Alex ein Fahrrad, auf dem der oder die Fahrerin, Rebeca und Maya Platz haben. So etwas kann man für viel Geld auch in einem anständigen Spezialgeschäft kaufen. Aber nicht ein Rad, auf dem Rebeca auf gleicher Höhe der Vorderfrau respektive des Vordermanns sitzt und selber auf klug verkürzte Pedalen tritt. Diese Pedalen sind durch ein schwierig nachvollziehbares Kettengewirr mit dem Antrieb verbunden und helfen mit, das Rad in Schwung zu bringen. Einfach genial gelöst und bei jeder Ausfahrt für Aufruhr, Stirnrunzeln und Begeisterung sorgend.

Alex fühlt sich im Mädchenhaus pudelwohl und meistert während zwei vollen Tagen in der Woche die „Mutterrolle" mit Bravour. Laut Edith hat er das so bekannte südamerikanische Machogehabe selbst in den ersten Balzstunden mit Edith nicht angewendet. Die Cadenas sind eine wahrlich harmonische Familie und den Test, der im Prolog beschrieben ist, hat Alex schon lange mit Bestnoten bestanden.

O-Ton Mutter Edith:

„Während ich diesen Text über uns gelesen habe, musste ich mehrere Male herzhaft loslachen. Es sind meist die kleinen Sachen, die das Alltagsleben einer Mutter immer und immer wieder so besonders machen. Die ersten zwei bis drei Jahre sind extrem intensiv. Die Mutter kann in dieser Zeit einen dreijährigen Knirps kaum fünf Minuten aus den Augen lassen. ‚Nichts machen' wird dann oft von den Partnern mit ‚nichts erschaffen' verwechselt und falsch interpretiert. Ich kann mich diesbezüglich nicht beklagen und bin sehr dankbar, dass wir uns die Aufgaben zuhause teilen können. In diesem Kontext muss ich korrekter Weise noch anfügen, dass ich doch auch im Büro viel ‚erschaffe'...Falls dies mein Vorgesetzter liest. :-)

Die Zeit mit den Kindern zu verbringen ist ungemein wertvoll und unersetzlich. In ihnen einen Teil von sich selber zu sehen und gleichzeitig ihre eigene Persönlichkeiten entwickeln zu lassen, ist es, was es ausmacht Mutter zu sein. Mit ihnen weinen, mit ihnen lachen und ein Leben lang für sie da sein.

Und übrigens, Maya jetzt vier; ihr Lieblingswort aktuell ist ‚langweilig.'
Mami fragt: ‚Gehen wir nach draussen?' Antwort Maya: ‚Ist langweilig.'
Mami sagt: ‚Komm, wir machen ein Puzzle!' Antwort Maya: ‚Ist langweilig.'
Mami sagt: ‚Wir müssen uns duschen.' Antwort Maya: ‚Ist langweilig.'
..und dann hat sie bei all dem riesengrossen Spass!

P.S.: Übrigens, der Arzt (Vater von vier Kindern!) hat mich nächste Woche für sieben Tage 100% krankgeschrieben, der Meniskus kommt raus. ;-)"

3- bis 4-jährig: Kai und Mutter Maya

Es war ein nicht alltäglicher Moment, der mich dazu inspirierte, ein Buch über den Mutterjob zu schreiben. Kai wurde Anfang November 2008 in Wellington Neuseeland geboren. Die fünf Kilo Zibung-Nachwuchs-Nachricht erhielt ich in der Schweiz über ein unvergessliches Maya-SMS, das innert Sekundenbruchteilen die Luftliniendistanz von 18.782 Kilometern hinter sich gebracht hatte. *„Dein Enkel schläft neben mir. Er ist extrem süss und ich total glücklich. Ich liebe Dich."* Meine Frau Beata und ich entschieden uns, so schnell wie möglich nach Neuseeland zu reisen, um uns als Babysitter nützlich zu machen.

Genau zu dieser Zeit war der sonst sehr hilfreiche Gatte von Maya im Schlussspurt, um ein wichtiges Segment für den Film *Avatar* fertigzustellen. Dies machte Sechzehnstundentage am Arbeitsplatz nötig - inklusive Wochenenden. Zeit für die Erfüllung von häuslichen Pflichten blieb da herzlich wenig. Andy war dankbar, dass das Rote Kreuz aus der Schweiz angeflogen kam.

Dort angekommen bewunderten wir nicht nur Kai, sondern machten uns sofort daran, die eine oder andere Aufgabe anzupacken und die fast dreijährige Lani zu geniessen. Maya marschierte schnurstracks unter die Dusche, schloss die Tür und war für eine lange Weile nicht mehr zu sehen. Ich war sicher, dass sie sich zum Ziel gesetzt hatte, die sauberste Frau der Welt zu werden. Zum Glück gibt es in Neuseeland für die Erzeugung von heissem Wasser die Durchlauferhitzer. In der Schweiz wird ein Boiler voll Wasser erhitzt und hat man diesen durch intensiven Gebrauch geleert, muss man wohl oder übel kalt weiterduschen. Nicht so in Neuseeland. Solange die städtischen Gaswerke genügend Gasvorrat haben, verwandelt sich das kalte Wasser ohne Ende zum angenehm warmen Duschregen. Als sich die Türe zum Bade endlich öffnete, erschien eine putzsaubere und strahlende Maya. Nach zwei Wochen Multitasking war es ihr wieder einmal vergönnt, in aller Ruhe der eigenen Körperpflege nachzukommen. Ohne unsere Anwesenheit musste Kai entweder im Tiefschlaf sein oder von der Dusche aus irgendwie unterhalten werden. Maya konnte die kleine Lani nur unter Kontrolle halten, indem sie diesen Wirbelwind mit sich ins Bad nahm. Mit einer erstaunlichen Regelmässigkeit musste Lani genau während diesen Duschminuten dringend auf die Toilette, um ein kleines Braunes loszuwerden.

Ganz alleine duschen, ohne jeden Zeitstress, ohne gestört zu werden. Und vielleicht noch singen, während das warme Wasser über den Körper rieselt. Eine angenehme Sache für jedefrau und jedermann, ein unbezahlbarer Luxus für eine Mutter.

Das war für mich die Buch-Inspiration. Ich hatte noch nie in meinem Leben nicht in aller Ruhe geduscht und auch noch nie einen Gedanken daran verloren, dass es Multitasking-Duschen gibt. Was für uns Nichtmütter eine Selbstverständlichkeit ist, wird für eine Mutter zum ultimativen Wellnesserlebnis. Grund genug für mich dieses seltsame Wesen, das da Mutter heisst, etwas genauer unter die Lupe zu nehmen.

Interessant und erstaunlich die Tatsache, dass das Wort Mutter in den meisten Sprachen mit einem M anfängt:

Deutsch: Mutter
Französisch: Mère
Englisch: Mother
Italienisch: Mamma – Madre
Spanisch: Madre
Albanisch: Matrice
Lateinisch: Mater
Russisch: Mat
Polnisch: Matka
Persisch: Madar
Indisch: Matar
Thai: Mae

Ja selbst die Chinesen sollen der Mutter „Mu", „Muqin" und sogar „Mama" sagen. Die Japaner beweisen, dass die Ausnahme die Regel bestätigt, denn sie sagen ihrer Mutter *„Okasan"*, nennen sie aber auch *„Mama"*, wenn es ein bisschen herzlicher zu und her geht.

DAS Weltwort für Mutter ist sicherlich das italienische *„Mamma"*. Das kommt wohl daher, dass die Italiener die Mamma am meisten vergöttern und die Mammas ihre Söhnchen noch wie kleine Wickelkinder behandeln, wenn sie weit über vierzig sind. Wenn Luciano Pavarotti mit *„MAMMA"* loslegt, bleibt auch bei Nicht-Italienern kein Auge trocken und Erinnerungen von Mammas unschlagbarer Spaghettisauce bringen die Tränendrüsen erst so richtig in Gang. Warum also spielt das M so eine dominante, weltumspannende Rolle, wenn es um das Wort *„Mutter"* geht? Im Alphabet ist das M, Zufall oder nicht, in der Mitte zu finden. *Mitte* fängt mit einem M an.

Die Mutter in der Mitte von allem, vom Ganzen, DAS Zentrum. Auch Mutter Maria hiess nicht Rosalinde, Esther, Gabriela oder Agnes. Bei ihr musste ein Name her, der mit M anfängt. Ist M vielleicht das erste, was ein Baby murmeln kann. Genug der Spekulationen. Verblüffend und kurzweilig ist es alleweil, dass M und Mutter fast unzertrennlich miteinander verbunden sind.

Dass der Name unserer Tochter Maya mit einem M anfängt, ist reiner Zufall, und dass eine Maya die Mutter von Buddha war, wussten wir bei der Namensgebung auch nicht. Und doch erscheint es so, dass Maya die Mutterrolle speziell intensiv geniesst. Für ihren Sohn Kai besteht das Potential, dass er dereinst wie ein echter Italiener gross werden wird, inklusive Mayas fantastischer Spaghettisauce.

Kai hatte schon vor der Geburt sichergestellt, dass er von Mammas Spaghetti, Pizza, Panna Cotta und Gelati den Hauptanteil für sich beanspruchte. Wie anders kann man erklären, dass er als fünf Kilo schweres Baby auf die Welt kam. Genau gesagt waren es 4.950 Gramm. Als wir diese Gewichtsangabe von Andy (Vater von Kai, Ehemann von Maya) zum ersten Mal hörten, glaubten wir, dass sich unser amerikanischer Schwiegersohn im Gewirr der Kilos und Unzen verloren hatte. Doch die neuseeländischen Ärzte bestätigten die für uns rekordverdächtige Zahl. Während seinem Spitalaufenthalt war Kai ohne Wenn und Aber das schwerste Baby. Selbst als ein Maori-Baby auf die Welt kam, stellte es mit seinen 4.5 kg keine Konkurrenz für Kai dar.

Rekord war es natürlich nicht ganz. Laut *Guinness Buch der Rekorde* kam das mit 10.8 Kilo schwerste Baby in den USA zur Welt. Und man staunt, denn dieser Rekord wurde 1879 aufgestellt. Also lange bevor man die Kalorienbomben wie Colas, Hamburgers, Pommes und Kuchen kannte. Das schwerste Kind überlebte nur einige Stunden. Der gewichtigste Knirps, der überlebte (10.2 Kilogramm), wie kann es anders sein, kommt aus Italien. Es passierte 1955 und da gab es selbstverständlich die italienischen kulinarischen Höhepunkte schon seit langem.

Wie dem auch sei, in unserer Familie stellte Kai vor dem ersten Schrei in diese Welt möglicherweise einen für die Ewigkeit geltenden Rekord. Nicht schlecht, mit einer solchen Leistung in der ganzen Sippe einen gewichtigen Punkt zu setzen. Seine um fast drei Jahre ältere Schwester war mit 3.58 kg auch nicht gerade ein Winzling, aber in dieser Kategorie konnte sie nicht ganz mithalten. Dass Kai wie ein Italiener gross werden könnte, hat nicht nur mit dem Essen zu tun. Mutter Maya brütet über ihm, als sei er auch mit bald vier Jahren immer noch ein Ei, das ständig die gleichbleibende Gebärmuttertemperatur haben muss. Da wird geschmust, gedrückt und gekuschelt, was das Zeug hält. Kai lässt all diese Aufmerksamkeiten mit einem Schmunzeln über sich ergehen. Er bringt es sogar fertig, von Zeit zu Zeit mit den Liebesbezeugungen noch eins draufzusetzen. So überraschte der dreieinhalbjährige Bengel Maya mit dem Song *„You Are My Sunshine"* - perfekt in der Tonlage, Wort für Wort, eine ganze Strophe ohne Fehler. Als sei dies nicht schon genug des Schmalzes, endete er seinen Gesangsvortrag mit einem zuckersüssen *„I love you, Mami"*. Dass er nachher von Maya mit Freudentränen geduscht wurde, musste er auf seine eigene Kappe nehmen.

Es sind vermutlich Momente wie diese, die einen unbezahlbaren Lohn des Mutterseins darstellen und der beste Beweis dafür, dass Geld allein nicht glücklich macht.

Diesen wundersamen Lichtblicken steht der Alltag mit den sich doch recht oft wiederholenden Aufgaben gegenüber. Aufgaben, die es perfiderweise in sich haben, dass mehrere von ihnen zur gleichen Zeit erledigt werden müssen. Multitasking wurde vor tausenden von Jahren mit Sicherheit von der ersten Mutter dieser Welt erfunden. Diese erste Mutter war beim Babystillen, während sie beharrlich versuchte mit Reibung ein Feuer zu entfachen. Gleichzeitig erzählte sie ihren zwölf älteren Kindern die Story von Eva, Adam, Apfel und der Schlange, derweil sie auch noch zwei Dinosauriern mit fliegenden Steinen den Garaus machen musste. Ihr Mann hatte an diesem Tag die einzige Aufgabe, einen Eorapter zu jagen. Und kam am Abend tatsächlich mit leeren Händen von der Jagd zurück. Die Mutter musste sich bereits zu Urzeiten in Geduld und Nachsicht üben.

Multitasking ist bei so vielen verschiedenen und sich oft wiederholenden Mutteraufgaben eine absolute Notwendigkeit. Eine recht oft sich wiederholende Tätigkeit ist das Wechseln der Windeln.

Der Schnulzensänger Kai hatte eine weniger knuddelige Angewohnheit, als er sich im vierten Lebensjahrabschnitt bewegte. Wenn er sich in eine Ecke verkroch und sich sein Gesicht mit zusätzlichem Blut vollstopfte, wussten wir, dass es nur noch eine Frage der Zeit war, bis sich der Raum mit einem untrüglichen Aroma füllte. In einer Gruppe von zwei oder mehr Erwachsenen bewirkte diese intensive Duftveränderung, dass sich jede und/oder jeder plötzlich veranlasst sah, etwas beschäftigter zu tun, als es der Moment wirklich verlangte. Echte Feiglinge stahlen sich sogar aus dem immer stärker stinkenden Zimmer, um der Frage zu entgehen, wer sich denn dem Problem annehmen würde. Hielt sich Lani gleichzeitig in diesem Raum auf, war nichts von vornehmer Zurückhaltung zu spüren. Ihre Supernase nahm den Duft wahr, bevor die Windel die Chance hatte, braun zu werden. Manchmal war Lanis Schrei auch Fehlalarm und die Windel hatte tatsächlich keine Veranlassung, braun anzulaufen, denn Kais Drücken und Stossen bewirkte lediglich, dass seine Därme unnötige Gase loswerden konnten.

Ob Lani in der Stube war oder nicht, irgendwann musste sich irgendwer dem Problem annehmen. Falls meine Frau unter den Anwesenden war, fiel die

Wahl untrüglich auf sie. Ihre überdurchschnittliche Fingerfertigkeit ist weit und breit bekannt und ihre Nase dient lediglich der Sauerstoffzufuhr. Laut Beatas Theorie hat sie den Geruchssinn verloren, als sie als Kind auf dem elterlichen Bauernhof regelmässig auf den Misthaufen stehen und diesen befeuchten musste. Der Misthaufen diente wiederum dazu, den Wachstum von Pilzen zu fördern. Die Pilze konnten dann für gutes Geld auf dem lokalen Markt verkauft werden. Soviel zur Kinderarbeit; von gesundheitsgefährdender Beschäftigung ganz zu schweigen. Für mich ist Beatas fehlende Wahrnehmung von Gerüchen allerdings ein klarer gesundheitsfördernder Vorteil. Sind wir nur zu zweit zuhause, kann ich unangenehme Blähungen, ohne eine Miene zu verziehen, loswerden. Da die Ohren von Beata noch voll intakt sind, muss ich mich lediglich darum kümmern, dass dieser Vorgang möglichst lautlos vonstattengeht.

Kai steigerte die Möglichkeit, sich freiwillig als Windelwechsler zu melden, als er begann das stinkige Braune in Miniportionen loszuwerden. Wir wunderten uns über diese täglich mehrfachen kleinen, nicht minder übel riechenden Demonstrationen und kamen zum Schluss, dass er damit möglichst vielen Personen die Gelegenheit geben wollte, ihn sauber zu machen. Es sollte sich aber bald herausstellen, dass dieses Verhalten das Ende des Kai-Windelzeitalters ankündigte. Maya meldete mit grossem Stolz, dass ihr Kai mit drei Jahren und sieben Monaten seine Liebe zu Pampers völlig aufgegeben hatte. Dies war möglich, weil er stolzer Besitzer von einem *Lightning McQueen racecar*-Töpfchen wurde. Der durchgestylte Rennwagen macht auf Knopfdruck sogar coole Motorengeräusche, um zu melden, dass das Geschäft erfolgreich erledigt wurde.

Er schreitet jetzt mit breiten Sumoschritten und hohlem Rücken zur Toilette und zeigt Lani mit grosser Vorliebe, wie er sein Bisi stehend erledigen kann. Lani verkraftet diese männliche Machtdemonstration nur, indem sie Kai geduldig erklärt, dass er genau aus diesem Grund nie in der Lage sein wird, ein Baby im Bauch zu tragen.

Kai überlässt die Führungsrolle normalerweise ohne Zögern seiner älteren Schwester. Er beobachtet mit Argusaugen, wie Lani auf dem Kinderspielplatz alles ausprobiert und jedes Gerät testet, bis sie ans Limit kommt oder dieses überschreitet. Beim Überschreiten endet so ein Test meistens mit einigen Schrammen, Blut, Geschrei und Tränen. Dies signalisiert Kai, wie weit er gehen kann, ohne nur nahezu an seine Grenzen zu kommen und er lässt sich von Lani auch nicht dazu motivieren, sein ganzes Leistungspotential auszunutzen. Ihm ist völlig schleierhaft, wie Lani mit Tränen im Gesicht zurück zur Unfallstelle rennt, um die vor einigen Sekunden falsch gelaufene Übung zu wiederholen.

Nur wenn Lani insistiert, geht er unbewusst und ungewollt über seine Grenzen. Lani hebt ihn auf eine Turnstange, Kai hält sich mit seinen Händen daran, Lani lässt los, Kais Arme übersäuern und nach drei Sekunden lässt er sich in die Arme von Lani fallen. Sie wiederum hat sich einmal mehr klar überschätzt und fällt zusammen mit Kai Kopf voran in den Sand. Beide Kinder schreien mit sandgefülltem Mund um die Wette. Mutter Maya hat dem ganzen Spektakel zugeschaut und war sich dem tränenreichen Ausgang von Anfang an bewusst. Trotzdem stand für sie ein schützendes Einschreiten nicht zur Diskussion. Wie sonst könnten die Kleinen aus ihren eigenen Fehlern lernen.

Kai zeigt auf, dass man Kinder und ihre Entwicklung im identischen Alter nicht vergleichen sollte. Lani probiert aus, bis es schief geht, Kai beobachtet zuerst, was eventuell schief gehen könnte. Jedes Kind hat seinen eigenen Rhythmus und lässt sich vom Gruppendruck nur selten beeinflussen. Bei Lani macht Kai des Öfteren eine Ausnahme und bezahlt dann nicht selten schmerzhaftes Lehrgeld.

Lani und Kai benutzten im Alter von eins bis vier das identische Kinderbett. Das Bett war mit einem höhenverstellbaren Lattenrost versehen, damit die Kinder nicht unfreiwillig herausfallen konnten. Er verhinderte auch das vom Kind gewollte Aus-dem-Bett-Steigen. Lani guckte schon mit zwei Jahren durch dieses Sprossengitter und studierte mögliche Fluchtwege. Eines Nachts hörten wir einen dumpfen Knall, gefolgt von einem ohrenbetäubenden Schrei. Lani hatte das für Zweijährige Unmögliche geschafft. Mit einer unerklärbaren Kletterleistung überwand sie das hohe Gitter, um dann fast einen Meter im freien Fall auf den Teppichboden zu krachen. Diese Extremleistung wiederholte sich für viele Nächte und wir dämpften den freien Fall mit einem grossen Kissenstapel.

Nicht so Kai. Als er in Lanis Alter war erwarteten wir, dass auch Kai ein Entkommen aus der Matratzengruft planen und ausführen würde. Aber selbst mit dreieinhalb Jahren denkt Kai nicht daran, diese hohe Bettkante zu erklimmen und einen Base Jump zu riskieren. Viel lieber träumt er vor sich hin und geniesst die Ruhe vor dem allmorgendlichen Mutter-Liebkosungssturm.

Mit dem Erlernen des Skifahrens verhielt es sich ähnlich. Ich hatte das grosse Vergnügen, Lani und Kai das Skifahren beizubringen. Am Anfang hat man die Kleinen zwischen den Beinen und lässt sie mit den kurzen Skis den Schnee und die Fahrt spüren. Bei der kleinsten Unsicherheit kann man sie mit den Armen heben und sie vor einem Sturz bewahren. Lani scharrte wie ein wildes Pferd vor jeder Abfahrt und liess mit einem Riesengejohle alle Skibegeisterten wissen, dass eine zukünftige Weltcupfahrerin auf der Piste war. Schon bald wollte sie ohne meine schützenden Arme Ski fahren und es ging nicht lange, bis sie zuhause prahlte, sie sei einiges schneller als Dädi die Piste runtergesaust.

Kai liess diesen ersten Ski- und Schneekontakt einfach so über sich ergehen. Kein Laut war zu hören - von Begeisterung keine Spur. Sobald er mit dem Ski den Schnee berührte, fiel er in meine Arme und liess sich den Berg heruntertragen. Als er sich auch nach mehreren Versuchen weigerte, mit dem Schnee Freundschaft zu schliessen, beschloss ich, das Skitraining mit ihm für einige Wochen einzustellen. Trotzdem konnte es Kai nicht lassen, allen Zuhörern zu erzählen, dass er auf Schnee so schnell sei wie ein *race car driver.*

Nach dieser Auszeit nahm ich den kleinen Rennfahrer ein weiteres Mal den Berg hoch. Aber auch dieser Versuch endete mit demselben Ergebnis. Entmutigt schnallte ich ihm die Skis ab und schlug ihm vor, stattdessen einen Schneemann zu bauen. Geistig hatte ich mich schon damit abgefunden, dass wir das Kai-Skierlebnis auf die nächste Wintersaison verschieben müssen. Enthusiastisch bauten wir zusammen einen hübschen Schneemann mit Nase, Augen und Mund. Nach Fertigstellung von diesem Kunstwerk sagte mir der Dreikäsehoch, dass er nun Skifahren wolle.

Ziemlich unmotiviert und ohne mir selber viel Hoffnung zu machen, ging ich durch das Prozedere und fuhr mit ihm den Kinderlift hoch. Oben angelangt machte er mir klar, dass er keinen Schutzengel beanspruchen wolle. Er wolle diese erste Abfahrt ganz alleine geniessen.

Ungläubig aber bereitwillig gab ich ihm einen kleinen Schubser und Kai begann Fahrt aufzunehmen. Ein Meter, drei Meter, zehn Meter. Ich fuhr natürlich dicht hinter ihm her, um Schlimmes zu verhindern. Aber der Bengel schaffte es ganze siebzig Meter runter, ohne jeden Anflug von Sturzgefahr, bis zum völlig natürlichen Anhalten. Ich traute meinen Augen nicht. Von uns Zweien war ich es, der vor Begeisterung schrie. Kai schaute mich mit verständnislosen Augen an und gab mir den Auftrag, mit ihm nochmals den Lift hochzufahren. Und so ging es rauf und runter. Zehn Mal, neun Mal gefilmt vom völlig ausgeflippten Grossvater. Offenbar hatte Kai die angehenden Skifahrer so lange beobachtet, bis er sich sicher war, wie man sich anzustellen hatte, um auf ein positives Resultat zu kommen. Seine Begeisterung demonstrierte er mit einem altklugen, aber trotzdem coolen *High five*. Zuhause wiederholte er den Lani-Spruch, dass er bereits schneller Ski fahre als der Dädi.

Seine ultrascharfe Beobachtungsgabe und seine Vorliebe für alles, was mit Motoren zu tun hat, bringen mich in Versuchung zu behaupten, dass er eines Tages in eine Formel 1 – Bolide einsteigt und auf Anhieb die schnellsten Rundenzeiten hinlegt.

Bei Kai ist schon lange alles, was mit *Brumbrum*, sprich Motoren, in Zusammenhang gebracht werden kann DIE Faszination. Wichtig hier festzustellen, dass seine Mutter, und auch die erweiterte Familie, diese Motorenvorliebe in keiner Weise gefördert hat. Genau so wenig wollten wir Lani in die Prinzessinnen-Ecke drücken. Aber irgendwie gehen die weiblichen

und männlichen Gene ihre ganz natürlichen Wege und sind so voraussehbar wie der Regen nach einem heftigen Blitz- und Donnerschlag.
Brumbrum Lastwagen, *Brumbrum* Ferrari, *Brumbrum* Feuerwehrauto, *Brumbrum* Traktor, *Brumbrum* Baumaschinen, *Brumbrum* Motorräder.
Brumbrum war wohl eines der ersten klar ausgesprochenen Wörter von Kai und inzwischen verwendet die ganze Familie diese Wortkreation mit grosser Selbstverständlichkeit. Mit Kai konnte man schon bald auf dem Computer auf YouTube gehen, Motoren aller Art anklicken und schwuppdiwupp hatte man auf seinem Schoss einen zappeligen Knirps, der nicht genug von diesen *Brumbrum*-Videos glotzen konnte.

>Feuerwehrautos, die mit Sirenengeheul in voller Fahrt zur Brandstelle brumbrummen.
>Offroader mit Riesenpneus, die im Schlamm und Morast rumwühlen.
>Ferraris, die alle anderen Rennmaschinen hinter sich lassen.
>Riesenlastwagen, die wie ein Eisenbahnzug durch das australische Outback donnern.
>Monstertrucks, die einen steilen Dreckhang hochfahren, bis sie nach hinten kippen.

Und so weiter und so fort. Mit dreieinhalb Jahren lag Kai bereits lässig auf dem Kanapee und dirigierte das von GranniB (meine Frau) zur Verfügung gestellte iPad von einem *Brumbrum*-Höhepunkt zum anderen. Zum Geburtstag war es völlig klar, dass GranniB einen Kuchen backte, der wie ein Feuerwehrauto daherkam und Papi mit einer Tortenkreation in Form eines Rennautos nachdoppelte. Ich meinerseits kaufte ihm eine knallrote Ferrari-Rennjacke, die er trotz Hitze und trotz falscher Übergrösse zu seiner Muss-Jacke erkor. Kaum nennenswert, da selbstverständlich, dass TV-Übertragungen von Indy- und Formel1-Rennen für Kai Muss-Termine sind, die all seine Konzentration erfordern und nicht mit Kuscheln und Schmusen unterbrochen werden dürfen.

Nicht nur bei der *Brumbrum*-Begeisterung outet sich der Knirps als Mann. Geht's zum Shopping, wird er sehr schnell müde. Es sei denn, er kann sich bei den Spielzeugen aufhalten und alles, was Räder hat, bestaunen. Geht es aber in die Kleiderabteilung, erfasst ihn eine riesige Welle von Müdigkeit und es ist schon passiert, dass er irgendwo in einer Kleiderecke eingeschlafen ist. Seine Schwester Lani hingegen blüht beim Shoppen geradezu auf und ihre Begeisterung für die riesige Klamottenwahl kennt keine Grenzen.

In einem wichtigen Punkt unterscheiden sich Lani und Kai überhaupt nicht von den meisten Kindern. Im Alter zwischen drei und vier Jahren machen die Mehrheit der Kinder enorme Fortschritte mit der Sprache. Der Wortschatz vergrössert sich täglich. Geschichten werden erzählt und gehört. Reden, reden und noch einmal reden. Und fragen! *„Wieso?"*, *„warum?"*, *„weshalb?"*. Beim Erwachen und bis zum Einschlafen. Jede Mutter und jeder Vater wird versuchen, solche Fragen möglichst kompetent zu beantworten. Jede Mutter und jeder Vater kommt aber unweigerlich zu einem Punkt, wo die ständige Fragerei auf Ungeduld stösst. Bei manchen früher, bei anderen später. Mutter Maya versuchte mal den Fragespiess umzudrehen und stellte dem Junior im Minutentakt Fragen. Sie erreichte bei Kai aber nie den Punkt der Ungeduld. Ganz im Gegenteil. Kai genoss es, dass er seine Mutter mit zum Teil fachkundigen und zum Teil frei erfundenen Antworten aufklären konnte.

Die Sprache führt unweigerlich auch zu Missverständnissen. Dann etwa, wenn Kai seinem Mami eine Fussmassage geben will und Maya sich für diese Spezialbehandlung auf den Bauch legen soll. Kaum hat sich Maya in die von ihm gewünschte Stellung gebracht, läuft Kai auf dem Rücken der Mutter herum und geniesst die Fussmassage fast so sehr wie Maya.

Die Entdeckungsreise eines drei- bis vierjährigen Kindes ist erstaunlich und abenteuerlich zugleich. Der Geist und der Körper machen Riesenschritte. Manchmal ist der Geist schneller als der Körper, manchmal auch genau umgekehrt. Statt gelaufen wird gerannt. Treppen hoch, Treppen runter. Gehüpft und Gesprungen. Bis zum nächsten Schrei, Blut und Kinderpflaster. Zum Glück gibt es diese Pflästerchen in allen möglichen Designs. Für Kai müssen es natürlich *Brumbrum*-Pflaster sein, sonst hat der Schmerz keine Chance zu verschwinden.

Die koordinativen Fortschritte überraschen die Eltern fast täglich. Das Dreirad wird durch das Laufrad ersetzt und auch der Skooter der älteren Schwester wird ausprobiert. Im Wasser wird nicht mehr nur geplanscht. Die ersten Schwimmversuche enden allerdings noch meistens damit, dass ein beträchtlicher Teil des Wassers im Kindermagen endet. Auch da sind Schreie und Tränen nicht zu vermeiden.

Beim Zeichnen werden pro Tag dutzende von Blättern bemalt und verschmiert. Kai hat bereits seine Lieblingsfarbe gefunden und zeichnet die ganze Familie in überraschenden Details. So erkennt man GranniB an den vielen Haaren und mein Glatzkopf wird gnadenlos auf Papier gebracht. Eine fast schwindelerregende schnelle Entwicklung in allen möglichen Bereichen. Von der Mutter wird viel Geduld, Anpassungsfähigkeit und Flexibilität verlangt. Es gilt die nimmer endenden Fragen zu beantworten, den mehr als regelmässigen Durst und Hunger der Knirpse zu stillen, die Toiletten fleissig zu besuchen, zu basteln, zeichnen, putzen, kochen, waschen, organisieren undsoweiterundsofort.

Wie schon erwähnt scheint Maya alle Gene einer Mutter erhalten zu haben. Aber auch sie geniesst die Ruhe, wenn diese einmal im Tag zu finden ist. Früher hatte sie ständig den iPod-Knopf in den Ohren, bei der Arbeit, beim Joggen oder im Fitnessstudio. Heute will sie die Stille, wenn es die Umstände erlauben. Die Stille und die Ruhe sind DER Mutterluxus schlechthin. Ein Besuch beim Zahnarzt, mit hoffentlich langen Wartezeiten, garantiert die seltenen Entspannungsmomente.
Und doch. Kaum ist Maya eine Stunde von ihren Kindern weg, werden diese schon schmerzlich vermisst. Was gibt es Schöneres, als mit Kai als Partner einkaufen zu gehen, seinen Empfehlungen zu folgen und mit ihm in einem Outdoor-Restaurant das Menü zusammenzustellen?

Es ist voraussehbar, dass Kai als Vierzigjähriger noch um die halbe Welt reisen wird, um mit seiner Mutter zu schmusen und die von Maya zubereitete Spaghetti Bolognese zu geniessen.

O-TON Mutter Maya

„Mein Vater erklärt in diesem Kapitel sehr gut wie Kinder verschieden sein können. Auch Andy, mein Mann, und ich erziehen unsere zwei Kinder anders. Natürlich versuchen wir so gerecht zu sein wie möglich, aber oft müssen wir uns an die Kinder anpassen. Sie haben beide andere Persönlichkeiten, brauchen andere Unterstützungen in verschiedenen Situationen und das macht das Ganze noch spannender. Kai kann vieles von seiner grossen Schwester lernen und sie auch von Kai. Das Schöne daran ist, dass auch wir von ihnen lernen. Nicht nur jeden Moment zu geniessen, was Kinder ja am besten tun, aber sich auch darüber begeistern, dass ein Auto den Motor hinten im Kofferraum hat und nicht vorne wie üblich. Ich bin sehr dankbar, dass ich den Job ‚Mutter' haben darf. Ich durfte schon vieles erleben in dieser ‚Karriere'. Man lernt und wächst jeden Tag und ich fühle mich sehr vollkommen. Für mich eine Traumkarriere.

Sicher ist es eine grosse Verantwortung, aber die Liebeserklärungen die ich von Lani & Kai erhalte machen es viel leichter. Als ich vor einigen Tagen Kai fest drückte, fragte ich ihn ob es zu viel Liebe ist. Da schaute er mir tief in die Augen und sagte ‚Mama, all deine Liebe geht direkt in mein Herz.' Ich musste lachen, mein kleiner Romeo. Ich glaub ich muss heute Abend die Bolognese-Sauce kochen. ;)."

4- bis 5-jährig: Sursuk und Mutter Parnasa

Sursuk liegt auf dem Bauch unter einer Tribüne und schaut seinen Lieblingen zu. Er ist speziell von Sudan angetan. Die dreijährige Sudan schafft es immer wieder, Sursuk und die zahlenden Touristen, die auf der Tribüne Platz genommen haben, zu verblüffen.

Sudan ist eine echte Künstlerin. Sie malt mit bestechender Gelassenheit vielfarbige Blumen und signiert diese mit ihrem Namen *SUDAN*. Die Zuschauer klatschen ungläubig und die Begeisterung für die blutjunge Künstlerin kennt keine Grenzen. Ihre Bilder werden regelmässig vom meistbietenden Touristen ersteigert und Sudan gehört zu den bestverdienenden Einwohnern im ganzen Distrikt Buachet. Dieser Distrikt befindet sich im Südosten von Thailand, ganz nahe an der kambodschanischen Grenze.

Sursuk kann nicht richtig nachvollziehen, warum er dieses Kunststück nicht fertigbringt. Obwohl er mehr als ein Jahr älter als Sudan ist, schafft er es beim besten Willen nicht, seinen eigenen Namen fehlerlos zu schreiben. Ganz zu schweigen von der perfekt gemalten Blume. Immer wieder hat er vergebens versucht Sudan zu kopieren.

Zugegeben, Sudan ist um einiges grösser als Sursuk. Und schwerer. So um die vierhundert Kilos. Sudan ist ein Elefantenmädchen und vollbringt ihre Künste mit der Leichtigkeit eines Dickhäuters. Schon bald wird sie weitere Kunststücke in der Manege zeigen. Das Malen von Bildern mit einem wendigen Elefantenrüssel wird die Touristen aber auch weiterhin am meisten beeindrucken.

Nach der Vorführung macht sich Sursuk aus dem Staub und wandert in Richtung Elefantengehege. Dort füttert er Sudan das wohlverdiente Zuckerrohr, streichelt die raue Elefantenhaut und spricht einige Worte der

Anerkennung. Ja ja, das Sprechen hat Sursuk dem Elefantenmädchen klar voraus.

Sursuk spricht schon fast fehlerlos Thai und hat sich bereits einige kambodschanische und laotische Wortbrocken gemerkt. Mit dem Schreiben hat er noch wenig am Hut. Trotz der Motivation von Sudan.

Der kleine Junge schlendert nach Hause. Sein Zuhause besteht aus einer robusten Hütte auf Stelzen. Die Baumaterialien bestehen aus Holz, Bambus, Palmenblättern und Stroh. Fenster gibt es keine, das Innere ist recht dunkel. Drinnen wir gekocht und geschlafen. Mutter, Vater und vier Kinder. Unter einem Blechdach auf der Seite des Hauses findet man eine Waschmaschine, die Toilette und die Dusche. Draussen wird gewohnt, gelebt, gespielt, gearbeitet, gesungen, geplaudert und ausgeruht. Ausgeruht wird vornehmlich in Hängematten.

Hängematten sind wohl das zweitmeistbenutzte Möbelstück in Sursuks Heimat. Vom Baby bis zum uralten Mann, vom Hund bis zur Katze. Alle benutzen die Hängematte oft und lange. Das gibt den Leuten den gemütlichen Lebensstil. Sie sind bestens geschützt vor allem Ungeziefer, das da so am Boden kreucht.

Das Leben lebt sich langsamer in Mooban Champatoh im Distrikt Buachet, Thailand, als anderswo auf dieser gestressten Erde. Uhren findet man nirgends. Bei Sonnenaufgang kräht der Hahn die Einwohner aus dem Schlaf. Bei Sonnenuntergang gibt es nur wenige Glühbirnen, die den Tag verlängern.

Man nimmt sich Zeit für sich und für die anderen. Ist jemand am Arbeiten, hat sie oder er im Nu ein paar Zuschauer um sich herum. Sie stehen nicht nur mit Rat und Tat bei, sondern palavern über alles was in diesem Dorf so läuft. Verhindert die angeregte Diskussion das Arbeiten, verschiebt man nicht das Gespräch, sondern das Dreschen des Reises. Wohlwissend, dass die Reishalme auch am nächsten Tag noch auf dem Dorfplatz liegen werden.

Bei meinem ersten Besuch lernte ich Sursuk und seine Mutter Vannisa im Dorfzentrum kennen. Dieses bestand aus einem gut ausgerüsteten Laden. Da konnte man vom Duschmittel, zu Bleistift und Papier, Chips, Getränken und T-Shirts alles kaufen – auch Werkzeuge, Klebebänder, Tassen, Teller und Lottoscheine. Inklusive Raupen und andere undefinierbare Insekten, die als Delikatessen angepriesen werden.

Die Einheimischen treffen sich in diesem Dorfladen. Nicht zuletzt auch deshalb, weil sich die von Hand betriebene Wasserpumpe fünfzig Meter von dieser Verkaufsstelle befindet. Selbst die einzige Tankstelle ist gleich nebenan. Da wird *Happy Oil* verkauft – in ausgedienten Coca- Cola- und Singha-Bierflaschen. Die Bierflaschen sind auf der sicheren Seite. Die mit *Happy Oil* gefüllten *Coca-Cola* Flaschen sind mit echtem Cola schon leichter zu verwechseln. Nur mit Cola versorgt werden die Motoren wohl nicht sehr lange laufen. Trinkt jemand fälschlicherweise *Happy Oil* aus der Colaflasche, spuckt sie oder er dieses Höllengetränk hoffentlich aus, bevor es den Magen erreicht. Laut den Einheimischen kann eine solche Verwechslung eh nur einem ignoranten Touristen passieren.

Im Dorfzentrum gibt es nebst verschiedenen Hängematten auch eine Menge roter Plastikstühle, die zum Sitzen einladen. Womit wir beim meistbenutzten Möbelstück in Sursuks Dorf, in Thailand, in Asien, ja auf der ganzen Welt angelangt sind. Der rote oder weisse Monoblock-Plastikstuhl wird seit rund vierzig Jahren rund um die Welt produziert und benutzt. Material- und Produktionskosten: etwa drei Euro. Jemand hat glaubwürdig behauptet, dass es auf der Welt mehr solcher Plastiksitzgelegenheiten gibt als Menschen. In Mooban Champatoh geht diese Rechnung mit Sicherheit auf. Bei mir Zuhause auch.

Ich sitze auf einem solchen roten Plastikstuhl und beobachte das Kommen und Gehen im Dorfzentrum. Laut meiner thailändischen Bekannten bin ich mit ziemlicher Sicherheit der erste Tourist, der dieses abgelegene Dorf besucht. Sie hat mich dort abgesetzt, damit ich einen Tag lang Sursuks Heimat in aller Ruhe studieren kann.

Es ist nicht verwunderlich, dass ich an diesem Tag innert Kürze zum Dorfgespräch avanciere. Ich teste die Leute mit Englisch und die Leute lachen freundlich zurück. Sursuk stellt mir auf Thailändisch seine Geschwister vor und schon bald entwickelt sich eine recht animierte Kommunikation. Wir lachen viel. Lachen tun die Menschen weltweit gleich. Da gibt es kein Missverständnis. Niemand warnt dich, dass ein Smile in einem bestimmten Land eine ganz andere Bedeutung hat. Mit Handzeichen kann das bereits schief gehen. Lachen funktioniert immer. Man kann in jeder Sprache erkennen, wie das Lächeln oder Lachen gemeint ist. Sogar das bösartige Lachen versteht man ohne Probleme. Die Kinder lachen ehrlich und herzlich, weil sie diesen alten weissen Mann, der kein Wort versteht, einfach lustig finden. Die Erwachsenen tun es ihnen gleich, machen aber sicherlich auch einige Witze über mich. Auslachen kann auch freundlich gemeint sein.

Beim ersten Bild, das ich von Sursuk schiesse, wirkt er noch unsicher. Ich zeige ihm das Resultat auf dem Smartphone. Vielleicht sieht er sich zum ersten Mal auf einem solchen Bildschirm. Er staunt und lächelt. Beim zweiten Bild posiert er und will das Resultat sofort sehen. Das Lachen wird lauter. Und so geht es weiter. Bild um Bild. Innert kurzer Zeit habe ich eine ganze Traube Kinder um mich herum und alle wollen fotografiert werden. Alle. Jetzt wird gehüpft, posiert und alle möglichen Grimassen geschnitten. Im Dorf ist jetzt echt was los. Die Erwachsenen halten sich vorerst vornehm zurück. Aber schon bald wollen auch sie für die Ewigkeit bildlich festgehalten werden. Und das Lächeln und Lachen wirkt ansteckend. Sursuk geniesst es im Zentrum der Action zu sein. Nur schade, dass ich die fotografischen Resultate nicht sofort ausdrucken kann. Das wäre der Hammer.

Nach einer Weile wird es etwas ruhiger. Die Erwachsenen gehen zurück an die Arbeit oder in die Hängematte. Nur die Kinder zeigen weiteres Interesse an diesem touristischen Wesen. Sursuk nimmt mich an der Hand und wir marschieren vom Dorfzentrum weg. Parnasa, seine Mutter, scheint dies nicht zu interessieren. Sie ist im angeregten Gespräch mit ihren Nachbarn. Wir laufen einen holprigen Weg entlang und gelangen zur Hauptstrasse. Auch diese ist ohne Asphalt und extrem uneben. Fussgängerstreifen fehlen. Wären auch schwierig auf diese raue Strasse zu malen. Sie sind auch nicht nötig, weil nur alle zwanzig Minuten ein motorengetriebenes Vehikel die Strasse benützt. Sursuk und ich überqueren diese Hauptverkehrsader und laufen einem Fussweg entlang. Bis wir vor mehreren aussergewöhnlich solid gebauten Gebäuden stehen. Die Schule. Wow! Ich bin beeindruckt von diesen nicht nur grossen sondern auch richtig schmucken Häusern. Das Bild der Königin und des Königs von Thailand dürfen so wenig fehlen wie die thailändische Flagge. Später lass ich mir erklären, dass diese Schule vom Königshaus finanziert wurde und eine Prinzessin an der Entstehung direkt beteiligt war.

Inzwischen haben sich drei weitere Kinder unserer Entdeckungsreise angeschlossen. Ein etwa zweijähriges Mädchen wird von einem rund elfjährigen Mädchen getragen. Sursuks Freund ist geschätzte neun Jahre alt. Die vier Kinder hüpfen mir voraus und zeigen auf eine Gartenfläche. Hier gibt es schön geordnete Gartenbeete mit verschiedenen Anpflanzungen. Da lernen die Kinder sehr praxisnah, was der thailändische Boden hergibt. Ein sehr fruchtbarer Boden, der den ländlichen Regionen garantiert, dass an jedem Tag ein ausgewogenes Essen auf dem Tisch stehen kann. Reis darf hier so wenig fehlen wie bei uns das Brot.

Gleich neben dem Gemüse- und Früchtegarten ist ein grosser Teich, in dem es sich ein paar Wasserbüffel gemütlich machen. Diese teilen sich das Gewässer mit verschiedenen Fischarten und auch hier können die Schüler lernen, welche weiteren Möglichkeiten ihnen zur Verfügung stehen, um den Essenstisch noch reichhaltiger zu gestalten. Auf Postern ist alles über Fische, Garnelen, Früchte und Gemüseanbau mit Bildern dokumentiert und erklärt.

Bei einem Schulgebäude steht die Türe weit offen. Es ist Samstag und schulfrei. Wir hören Stimmen und wagen einen Blick ins Innere. Dort entdecken wir eine junge hübsche Frau mit sechs Kindern am Mittagstisch. Ich fühle mich in eine andere Welt versetzt. Ein heller Raum mit vielen Fenstern. Mit kindergerechten Holzstühlen und kleinen Tischen. Flachbildschirm, Fernseher, Projektor.

Die Wände sind farbig und attraktiv geschmückt. Tierbilder, aus Holz gebastelt, mit dazugehörenden Namen auf Thailändisch und Englisch: Hund, Fisch, Tiger, Garnele, Katze, Wurm, Schmetterling und natürlich Elefant; alle Zahlen; das Alphabet; die Wochentage; Monate; und so weiter und sofort – alles aus Holz gesägt, farbig bemalt und immer in beiden Sprachen. Jedes Kind findet seine Zahnbürste spassig aufgehängt an einem Mädchen- oder Bubenbild. Inklusive Becher. Ein reizendes Schulzimmer, das einem Schulzimmer hier in der Schweiz in jeder Beziehung die Stange halten kann.

Eine grosse Bildcollage von der Eröffnung dieser Schule darf natürlich nicht fehlen. Leider gibt es dazu keine englische Übersetzung. Eines ist sicher: Die Prinzessin hat perfekte Arbeit geleistet und für das Königshaus viel Goodwill in der Bevölkerung geschaffen.

Die hübsche Frau ist die Lehrerin. Trotz allen englischen Zeichen und Wörtern im Schulzimmer sind ihre Englischkenntnisse mit meinem Thailändisch vergleichbar. Aber Mensch hat diese Frau ein charmantes Lächeln. Wir verständigen uns an der Wandtafel. Sie ist 32-jährig und hat vierzehn siebenjährige Schüler. Sie schmeisst alle elektronischen Geräte an. Alles funktioniert perfekt. Während einer vollen Stunde gehen wir alle Wörter, die auf English geschrieben sind und irgendwo im Zimmer hängen, durch. Ich sage vor und die Lehrerin und alle anwesenden Kindern wiederholen diese Wörter mit lauter und enthusiastischer Stimme. Nach jedem Wort erklärt mir die Lehrerin die thailändische Version. Ich wiederhole dies und das Lachen kennt fast keine Grenzen. Wir haben einen Riesenspass.

Inzwischen sind wir mehr als zwei Stunden unterwegs. Ich mache mir langsam Sorgen, dass sich die Mütter der vier Kinder Sorgen machen. Die Kleinen haben sich bei niemandem abgemeldet und sind mir einfach gefolgt. Bei mir gehen Bilder von Vermisstmeldungen und Polizeifahndungen durch den Kopf. Inklusive eingesperrter weisser Mann in einem gottverlassenen Dorf.

Bei meinen ersten Versuchen, mich zu verabschieden, nimmt mich die Lehrerin an der Hand und offeriert mir ein Getränk. Die Kinder umringen mich und machen klar, dass die Schulsitzung noch nicht vorbei sein darf. Eine weitere Stunde später mach ich es allen Anwesenden klar, dass ich jetzt mit den vier mitgebrachten Kindern unbedingt gehen muss. Obwohl ich bleiben möchte.

Wir rennen über das Fussballfeld, verneigen uns kurz bei einem Buddha und schiessen noch ein Bild mit den Kindern vor der Schule. Atemlos erreichen wir das Dorfzentrum. Keine Spur von irgendwelchen Müttern. Ein alter Mann schält sich aus der Hängematte und offeriert mir eine Cola. Nachdem ich mich versichere, dass es nicht *Happy Oil* ist, trinke ich dieses genüsslich. Die Kinder sind dicht bei mir und wir teilen uns das süsse Nass.

Ich beschliesse beim Dorfladen zu bleiben. Sursuk zeigt mir voller Stolz seinen selbstgebastelten Lastwagen. Er hat eine Plastikflasche in der Längsrichtung aufgeschnitten. Den vorderen Teil liess er intakt und dieser ist als Motorhaube und Passagierraum gedacht. Der Passagier ist ein kleines Holzstück, der Motor ein Stein. Der aufgeschnittene Teil dient als Laderampe. Diese ist mit geschnittenen Zuckerrohrstücken beladen. Die Bambusräder sind an Holzachsen befestigt. Ein kleines Wunderwerk, das Sursuk für sich gebaut hat. An einer Schnur rumgezogen fährt der Lastwagen durch das Ladenlokal.

Etwas kann Mama Parnasa bei ihrem kleinen Sprössling nicht ganz nachvollziehen. Ist Sursuk beim Lastwagenbauen, will er nicht gestört werden. Er ist mit all seinen Sinnen an diesem Werk und bastelt ohne Unterbruch während Stunden. Mit ernster Miene studiert er immer wieder, wie er das Rad noch besser zum Drehen bringen kann. Ruft Parnasa zum Essen, hat er fast keine Zeit dafür und rennt schnurstracks zurück an sein anspruchsvolles Projekt. Will Mama zur Abwechslung das thailändische ABC mit ihm üben, ist er nach wenigen Minuten tooodmüde und macht alle Anstalten einzuschlafen. Gibt sie das Buchstabenüben auf und schickt ihren Ingenieur zurück zum Lastwagenbau, kommen ungeahnt frische Energien zum Ausbruch. Parnasa beobachtet ein Verhalten, das sich bei jedem Kind zwischen vier und fünf Jahren immer deutlicher zeigt: Die Selbstständigkeit zu demonstrieren, was man gerne macht und was man viel lieber anderen überlässt.

Sursuk kann noch viele Lastwagen bauen. Plastikflaschen gibt es garantiert tausendfach mehr als Plastikstühle. Grundsätzlich wird das Wasser vor dem Genuss gekocht. Ist genügend Geld vorhanden, wird Wasser in grossen Behältern gekauft. Aber auch normale Dreideziliter- oder Literflaschen sind überall in Thailand zu haben. Inklusive den abgelegensten Weilern. Touristen benutzen in Plastikflaschen abgefülltes Wasser selbst zum Zähneputzen. Nur unter der Dusche lassen die Urlauber das kühle Nass ungekocht an ihren Körper.

Der Bruder von Sursuk zeigt mir noch sein Lieblingsspiel: Takraw. Das wird mit einem aus Rattan geflochtenem Ball gespielt. Man kann mit diesem ganz alleine spielen, respektive jonglieren. Lustiger geht es zu und her, falls eine Art Volleyballnetz aufgestellt wird. Jetzt wird zu zweit oder auch zu viert über das Netz gespielt. Ausser den Händen können alle Körperteile benutzt werden, um den Ball über das Netz zu befördern. Benutzt man dazu die Hände oder berührt der Ball den Boden, gehen die Punkte an den Gegner. Sursuks Bruder schafft es bereits, den Ball mehr als zehnmal zu jonglieren, bevor dieser die Erde berührt. Sursuks persönlicher Rekord steht bei einem halben Dutzend. Mit Mühe komme ich mit dem quirligen Ding auf drei Hits.

Nach einer weiteren Stunde laufen drei Frauen ein. Darunter befindet sich Sursuks Mutter. Parnasa nimmt uns nicht richtig zur Kenntnis. Die zwei mitgebrachten Frauen wollen in ihrem Laden einkaufen. Es wird viel und laut diskutiert und schliesslich macht Parnasa das Geschäft des Tages. Mit dem Geld springt sie schnurstracks nach Hause. Ihre Kinder, darunter das zweijährige Mädchen, überlässt sie dem Schicksal. Das heisst die Kleine sitzt auf meinem Schoss. Scheinbar hat Parnasa weder Sursuk noch die kleine Supawan je vermisst. Meine thailändische Bekannte erklärt mir dieses scheinbare Desinteresse der Mutter so:

„In diesem Dorf schauen alle Dorfbewohner zu allen Kindern, die da so rumhüpfen und auf Entdeckungsreise sind. Das ältere Mädchen aus der Nachbarschaft fühlte sich in der gegebenen Situation automatisch dafür

verantwortlich, Supawan zu betreuen. Der neunjährige Freund von Sursuk wachte über dem Vierjährigen mit einer natürlichen Selbstverständlichkeit."

Das ganze Dorf funktioniert demnach als Gratiskinderkrippe. *Helikoptermamas* gibt es hier keine. Am Abend verteilen sich die Kinder wieder in ihr Zuhause. Alarm gibt es erst, falls irgendwo ein Mädchen oder ein Junge fehlt.

Für Parnasa scheint das Muttersein wie ein natürlicher Fluss. Sie ist da. Der Fluss ist meistens ruhig. Das dreimonatige Baby verlangt regelmässig Milch. Die Kinder verteilen sich irgendwo im Dorf. Sie beschäftigen sich selbst. Spielen, streiten, arbeiten, weinen und lachen zusammen. Parnasa wird nicht von E-Mails, SMS und sonstiger Elektronik abgelenkt. Ein Rezept für die Zubereitung des Essens muss nicht zuerst gegoogelt werden. Der Einkauf von nötigen Zutaten beschränkt sich auf ein Minimum. Sie schaut, was es hat. Ein Überblick der zur Verfügung stehenden Lebensmittel ist simpel. Kühlschrank ist keiner vorhanden. Heute gibt es unter anderem einen Papayasalat. Dieser wird recht mühsam in feine Teile geschnitten. Das Baby hängt an ihrem Rücken und beobachtet so gut es geht, wie Mutter das Essen am offenen Feuer zubereitet.

Einen leichten Anflug von Hektik spüre ich bei Parnasa nur dann, wenn jemand etwas im Dorfladen kaufen will. Übrigens muss sie diesen am Morgen nicht aufmachen und am Abend nicht zuschliessen. Die Verkaufsstelle hat keine Türen. Bei Ladenschluss wird die Ware nur mit ein paar Tüchern abgedeckt, damit sich der Staub nicht überall festsetzen kann. Da drängt sich später folgende Diskussion mit meiner Bekannten auf:

„Haben da mögliche Diebe nicht ein allzu leichtes Spiel. Verliert Parnasa nicht regelmässig wertvolle Ware?".
„Nein...und wenn schon."
„Falls es doch passiert hat Parnasa ein grosses Problem."
„Oh nein, das siehst du falsch. Der Dieb hat ein Problem."

Sein Karma wird schief in der Gegend hängen. Die Strafe für seine Untat wird sein ständig schlechtes Gewissen sein. Damit will und kann kein Mensch leben."

Punkt und Schluss der Diskussion... Wow!
Ich bin selten sprachlos, aber dieses Statement muss ich etwas länger verdauen. Einfach genial.

Am Abend kommt Sursuks Vater, Nung Kumpa, von der Kautschukplantage nach Hause. Ihm gehören 700 Gummibäume, die für ein kleines Einkommen sorgen. Bis vor zwei Jahren hatte Nung Kumpa eine gut gehende Möbelproduktion. An der Grenze von Laos hatte es eine Menge von Wurzeln. Diese stammten von grossen, alten Teakholzbäumen, die vor langer Zeit gefällt und verwertet wurden. Es galt, diese Wurzeln auszugraben und aus diesen Stühle, Bänke, ja sogar Tische zu kreieren. Jedes Möbelstück ein wertvolles, exotisches Unikat.

Je mehr solcher Möbelstücke produziert wurden, desto rarer wurden die Wurzeln. Dies verführte Nung Kumpa immer häufiger über die thailändische Grenze nach Kambodscha zu gehen, um die passenden Wurzeln zu finden. Da es zwischen Thailand und Kambodscha regelmässig zu kriegerischen Scharmützeln kommt, riskierte Sursuks Vater immer häufiger Kopf und Kragen. Bis Schüsse fielen. Nach diesem glimpflich verlaufenen Vorfall stellte Nung Kumpa die Möbelproduktion schweren Herzens ein.

Mit der Kautschukplantage hat sich Nung Kumpa eine Einkommensquelle gesichert, die auch in Zukunft Geld abwerfen sollte. Thailand ist heute der grösste Kautschukproduzent der Welt. Motorfahrzeuge aller Art werden für die absehbare Zeit auf Gummipneus rollen.

Die Familie von Sursuk teilt sich zwei solcher Pneus mit ihrem Nachbarn. Zusammen haben die beiden Familien vor einem Jahr die mobile Freiheit gekauft. Diese besteht aus einem Suzuki RV50 Kleinmotorrad. Für den nächsten Tag ist der Lastesel für Nung Kumpas Familie reserviert. Die ganze Familie ist von Mutter Parnasas Schwester zur Hochzeitsfeier eingeladen.

Gefeiert wird in einem Dorf, das dreissig Kilometer Holperstrasse weit entfernt ist.

Am frühen Morgen wird die Suzuki beladen. Das zweijährige Töchterchen kommt ganz vorne beim Lenker zu sitzen. Dann steigt Vater Nung Kumpa auf. Mutter Parnasa setzt sich mit dem drei Monate alten Babygirl gleich hinter den Vater. Die zwei Buben hängen sich hinter Mutter auf den Rest des Sattels. Vor allem der siebenjährige Junge, der als letzter Platz nimmt, muss ziemlich viel Armkraft einsetzen, damit er nicht gleich wieder nach hinten vom Suzuki fällt. Jetzt tuckert die Familie los. Helmobligatorium kennt man im Distrikt Buachet nicht. Auf halbem Weg zum Hochzeitsort meldet sich das Baby bei ihrer Mutter. Hunger. Kein Problem. Parnasa macht die Brust frei und die Kleine geniesst den Drink. Und das alles auf dem Motorrad bei etwa dreissig Stundenkilometer. Da die Strasse die Suzuki zu etwas wilden Sprüngen zwingt, wird die Muttermilch ohne grosses Saugen in den Magen des Mädchens gerüttelt.

In der Schweiz wäre ein identischer Transport nur mit einem Minivan und vier verschiedenen Kindersitzen möglich. Solche Sicherheitssitze gibt es in allen Varianten: Vor- und rückwärtsgerichtet; Sitz- und Liegeposition; 360-Grad-Drehmechanismus, damit es beim Ein- und Aussteigen noch leichter geht; in allen Farbvariationen, damit diese zu den entsprechenden Autositzfarben passen.

Thailand hat rund 70 Millionen Einwohner und es gibt mehr als 20 Millionen Motorräder. Fast jeder zweite Thailänder über achtzehn Jahre besitzt also einen solchen Feuerstuhl. In erstaunlich vielen Modifikationen. Wie bereits erwähnt in der Ausgabe Minivan, als Tucktuck, als Lastwagen. Mit Anhänger, die keine Fantasien ungeträumt lassen und so weiter und so fort. In jeder Lautstärke. Alt und neu.

Mit alt meine ich wirklich alt. Statt Benzintank, ein Plastikkübel; statt Sattel, ein Kissen; Kabel überall; statt Hinterrad, eine Art Seitenwagen; Antrieb auf das Vorderrad umgeleitet. Und die Maschinen funktionieren.

Bei so vielen fantasievollen Pferdestärken ist es nicht erstaunlich, dass auch die Unfallstatistiken rekordverdächtig sind. Ein Bekannter von mir hatte mit seiner Freundin einen Rollercrash in Phuket. Beide erlitten ziemlich böse Schürfwunden an Beinen und Armen und wurden entsprechend mit Wundverbänden eingedeckt. Den Rest ihrer Ferien wurden sie von Einheimischen auf ihre Blessuren angesprochen: *„Ihr hattet wohl einen Motorradunfall. Schaut mal meine Arme und Beine. Auch ich habe den Asphalt schon einige Male geküsst."* Die weissen Bandagen waren ein perfekter Anlass, um mit dem lokalen Volk in angeregten Kontakt zu kommen.

Sursuks Familie kommt wohlbehalten am Ort, wo die Hochzeit stattfindet, an. Alle haben sich für diesen frohen Anlass hübsch gemacht. Der Strassenstaub wird von den Kleidern geklopft und schon ist man für die Festivitäten bereit. Sursuk trägt eine knietiefe Hose mit weissen Strümpfen und eine weisse Jacke, die einem Zirkusdirektor gut anstehen würde. Um sieben Uhr morgens hat sich die ganze Hochzeitsgesellschaft unter einem Zelt versammelt. Auf der Bühne haben zwölf Mönche im Schneidersitz Platz genommen und beginnen ihr monotones und recht lautes Gebet. Und langes Gebet. Geschlagene zwei Stunden lassen sie den Buddha wissen, dass es heute um sehr viel geht. Zwei Menschen versprechen sich, das Leben gemeinsam zu leben. Die Mönche erhalten für ihre getane Arbeit Reis in die bereitgestellten Töpfe sowie recht dicke Bündel von Geldscheinen.

Sobald Buddha die Gebete erhört hat, marschieren alle Hochzeitsteilnehmer, ausser der Braut, ans andere Ende des Dorfes. Dort startet ein Umzug durch das ganze Dorf, angeführt vom Bräutigam. Zuhinterst sind sechs Musikanten. Die bereits schon lauten Töne werden von einem Verstärker über Lautsprecher auf unerhörte Dezibels gepimpt. Dadurch wissen auch alle schwerhörigen Menschen im Dorf, dass ein grosses Fest angesagt ist. Dem Umzugsweg entlang sind drei Barrieren errichtet worden und der Bräutigam kann diese nur dann öffnen, wenn er ein Couvert mit Geldscheinen deponiert. Schon bald erreicht er wieder das Zelt, wo seine Braut und ihre Eltern ihn wohlwollend begrüssen. Das letzte Couvert mit entsprechenden Moneten verlässt den Heiratskandidaten in Richtung der Schwiegereltern.

Die Hochzeitszeremonie beginnt. Vom Schweinekopf, zu Kerzen, Kuchen, Reis, Fisch und vielen Blumen ist alles auf dem Teppich zu finden, auf welchem das Brautpaar mit den nächsten Verwandten Platz nehmen. Selbstverständlich alle im Schneidersitz. Damit hat Sursuk keine Mühe. Er freut sich bereits auf den Schlussakt der Zeremonie. Da kann er einen grossen Topf, der mit Blumenblüten gefüllt ist, auf die Köpfe der soeben Verheirateten werfen. Bis diese fast in einem Blumenmeer verschwinden. Als Lohn für seine Arbeit winkt ihm ein Vanilleeis *made by Nestle*. Eine Köstlichkeit, die er in seinem Leben erst zum zweiten Mal geniessen kann.

Jetzt geht die Party los. Die Band steht auf der Bühne, die Verstärker und Lautsprecher auch. Alle Dezibelgrenzen werden überschritten. Mama Parnasa lässt es ohne jede Mühe zu, dass ihre Kinder am helllichten Tag mit einer Show konfrontiert werden, die in jedem Nachtklub für einiges Aufsehen sorgen würde. Zur überlauten Musik gesellen sich acht halbnackte Frauen und tanzen so anzüglich wie nur möglich. In dieser Gruppe ist auch ein Boygirl mit dabei und fällt durch ihre/seine bestechenden Rundungen ebenso auf wie mit ihren/seinen perfekten Tanzkünsten. In Thailand ist es an der Tagesordnung, dass sich ein Mann entschliesst, zum weiblichen Geschlecht zu wechseln. Mit allen nötigen operativen Eingriffen. Die Nachtklubshow begeistert Sursuk und er tanzt mit vielen Dorfbewohnern um die Wette. Um vier Uhr nachmittags ist die farbenfrohe Hochzeitsfeier vorbei. Alkohol fliesst im Blut der Festteilnehmer. Braut und Bräutigam sind bereit, sich um die Fortpflanzung zu kümmern.

Vater Nun Kumpa setzt sich mit seiner Familie wieder auf sein Motorrad. Mama Parnasa mit dem Baby gleich hinter ihm. Sursuk krallt sich so nahe wie nur möglich an seine Mama. Alle sechs tuckern nach Hause. Das zweijährige Mädchen senkt seinen Kopf auf den Lenker und schläft ein. Der Siebenjährige kann sich das Einschlafen nicht leisten. Als hinterster Töffpassagier würde er bei einem Rückwärtssalto sehr unsanft aus seinen Träumen geweckt.

Parnasa ist stolz auf ihre Familie. Alle konnten in blitzsauberen Kleidern an die Hochzeitsparty. Nicht von einem Ochsenwagen gezogen, sondern mit einem fast nagelneuen Motorrad. Sie fahren zurück nach Hause, wo es sogar eine Waschmaschine gibt. Alle sind gesund und wohlgenährt.

„Wie geht es Dir?"
„Hast Du Reis gegessen?"
Auf Thailändisch hören sich beide Fragen gleich an.

Mama Parnasa drückt ihr Baby überglücklich an die Brust.
„Ja, wir haben alle viel Reis gegessen."

In diesem Kapitel sind die Namen der Personen frei erfunden. Alles andere, inklusive erwähnte Orte und Ereignisse, entsprechen den Tatsachen. So wie es der Schreiberling erlebt und beobachtet hat.

5- bis 6-jährig: Lynne und Mutter Nami

Lynne und Nami leben in Urawa, Japan. Zusammen mit Vater Masayuki und dem dreijährigen Töchterchen Ray. Urawa ist eine Stadt im Norden von Tokyo und hat rund 500.000 Einwohner. Eigentlich weiss man rund um Tokyo nie so richtig, wo welche Stadt beginnt oder aufhört. Die offiziellen Einwohnerzahlen für Tokyo werden mit 9 Millionen bis zu 35 Millionen angegeben, je nachdem wie weit man den Kreis zieht. Tatsache ist, dass viele Leute auf kleinem Raum wohnen. Man könnte daraus schliessen, dass diese vielen Leute vornehmlich in riesigen Wolkenkratzern wohnen. Dem ist nicht so. Auch heute leben weit mehr als die Hälfte der Japaner in Einfamilienhäusern.

In kleinen Einfamilienhäusern, auf wenigen Quadratmetern. Streckt man seine Hand aus dem Fenster, kann man ohne Mühe beim Nachbarhaus anklopfen und um irgendwelche fehlenden Haushaltsartikel bitten. Führt man ein vertrauliches Gespräch, muss das im Flüsterton stattfinden – nicht nur wegen der unmittelbaren Nähe des Nachbarn, auch weil die Häuser aus äusserst dünnen Holzwänden bestehen. Isolation gegen Lärm und Aussentemperatur gleich Null. Ist es draussen fünf Grad kalt, kann man die identische Temperatur im Hausinnern feststellen. Stellt man im wohlig gewärmten Zimmer den mobilen Gas- oder Elektro- oder Ölofen ab, kühlt sich dieser Raum innert kurzer Zeit auf unerfreuliche Schlotterkälte zurück. Die dünnen Wände verlangen auch eine gewisse Zurückhaltung auf der Toilette und man lernt, geruchsintensive Gase leise loszuwerden. Sollte wieder einmal eine Liebesnacht anstehen, ist Frau und Mann bemüht, die Lustschreie im Halse ersticken zu lassen. Oder man besucht ein speziell dafür geschaffenes Liebesmotel mit garantiert schalldichten Betonwänden. Eine Stunde dieser unhörbaren Ausgelassenheit ist schon für fünfzig Dollar zu haben.

Die leichte Bauart der Häuser hat auch eine wichtige praktische Seite. Bebt die Erde, und das tut sie in Japan öfter als einem lieb ist, muss man nicht sofort befürchten, dass herabstürzende Wände und Decken den sicheren Tod bedeuten.

Die Zimmerzahl dieser Einfamilienhäuser lässt sich mit Europa und Amerika vergleichen. Alles ist einfach etwas gedrängter. Umso grösser trumpfen die Japaner mit dem elektronischen Komfort auf. Da fehlt rein gar nichts. Fernseher in allen Zimmern, inklusive Küche. Die meisten davon immer eingeschaltet. Mit immer meine ich, dass die Dinger nur zur Schlafenszeit zur Ruhe kommen. Unzählige Fernsehstationen strahlen 24 Stunden im Tag viel Wissenswertes, Informatives, Banales, Musikalisches, Lustiges oder Sportliches aus. Ein Viertel der Sendezeit wird dazu benutzt, irgendwelche genialen Produkte und Serviceleistungen anzupreisen. Nicht selten mit Hilfe eines berühmten Filmschauspielers, Sängers oder Sportlers – überraschend oft mit einem ausländischen Star. Speziell für Kinder liefert der Fernseher so viel Sehenswertes, dass es viel Disziplin braucht, um die Flimmerkiste zu löschen.

Computer, iPhones, iPads, Stereoanlagen, Reiskocher, Eierkocher, Brotmaschine, Toaster, elektrisch beheizte Bettdecke und unzählige weitere Utensilien sorgen für angemessenen Energieverbrauch. In Sachen äusserst praktischen und manchmal auch unnötigen Gadgets sind die Japaner der ganzen Welt voraus. Es gibt fast keine Handbewegung, die nicht mit irgendeinem elektronischen Hilfsmittel verbessert werden kann. Kein Wunder, sind die Japaner in der Entwicklung von Robotern Weltspitze.

Sollte Lynne mal ihr Pensionsalter erreichen, kann sie damit rechnen, dass sie von Robotern umgeben sein wird. Der eine wird ihr die Haare schamponieren und waschen, der andere die Medikamente zum genau richtigen Zeitpunkt und in der präzisen Dosierung verabreichen und der dritte *Robi* wird ihr das ganze Haus blitzsauber reinigen.

Lynne wächst gegenwärtig noch ganz ohne pflegende und erziehende Roboter auf. Sie lebt auch nicht in einem Einfamilienhaus, sondern in einer topmodernen Wohnung. Vollklimatisiert, zwar noch ohne *Robi*, aber mit robusten Wänden und Fenstern, die den Motorenlärm dort lassen, wo er hingehört. Neugierigen Nachbarn bringt es zu ihrem grossen Bedauern nichts mehr, ihre Ohren zu spitzen. Die Hochhäuser sind erdbebensicher gebaut.

Am Tag, an dem die kleine Lynne die ersten Schritte machte, wurde ihr umgehend eine heilige, japanische Gepflogenheit beigebracht. Ein Haus oder eine Wohnung wird NIE mit den Schuhen betreten. Gewöhnlich öffnet man die Haustüre und benutzt die dafür vorgesehenen Quadratmeter, um von den Strassenschuhen in die Hausschuhe zu wechseln. Geht man auf die Toilette, wechselt man die Slipper in spezielle Klosandalen. Und mit genau diesem Spezialschuhwerk betritt man NIE die anderen Wohnräume. Tut das Lynne trotzdem, wird sie einen herzzerreissenden Schrei einer Mutter, Tante oder Grossmutter hören und diese Sünde nie mehr wiederholen. Ihre kleinen Ohren lassen danken.

Lynne konnte noch nicht laufen, als sie die wichtigste japanische Fingerfertigkeit (fast) beherrschte: mit Stäbchen essen. Auch dafür haben die Japaner clevere Hilfsmittel erfunden. Lynns erstes Stäbchenset war im hinteren Teil verbunden. Mit allen möglichen spaßigen Designs. Die Leserin oder der Leser dieses Buches wird es bereits mehrmals bemerkt haben: Ich übertreibe gerne und offensichtlich, um einen Punkt klar herauszustreichen. Es ist aber nicht übertrieben, wenn ich schreibe, dass es tausende von Stäbchen für Kleinstkinder gibt. Wer es immer noch nicht glaubt, tippt im Internet ganz einfach *images of chopsticks for kids* ein. Voila; Ich habe eher untertrieben.

Es ist meine persönliche Überzeugung, dass das Essen mit Stäbchen über die Jahrhunderte dazu beigetragen hat, dass die Asiaten im Allgemeinen und die Japaner im Speziellen über eine überdurchschnittliche Fingerfertigkeit verfügen. Lynne meistert bereits die kompliziertesten *Origami*-Figuren. Die Kunst des Papierfaltens wird in Japan auf die Spitze getrieben. Ohne Schere und ohne Kleber kreieren die *Origami*-Künstler komplexe Tierformen, inklusive Drachen, sowie verschiedene Schachtelformen, Blumen und Kleider. Der Fantasie sind keine Grenzen gesetzt. Lynne faltet für ihre kleine Schwester schon mal einen ganzen Zoo, vom Elefanten zum Kranich bis zum Fisch.

Lynne hat sich schnell daran gewöhnt, mit ihren Stäbchen eine Forelle in all seine Teile zu sezieren. Als heute fast Sechsjährige schafft Lynne solches Tun natürlich ohne jede zusätzlichen Hilfsmittel. Fischessen gehört denn auch zu ihrem Alltag.

Apropos Fischessen. An dieser Stelle ist es angebracht zu bemerken, dass ich zehn Jahre in Japan gelebt habe und meine Tochter Maya die ersten sechs Jahre ihres Lebens im Land der aufgehenden Sonne verbracht hat. Das Essen von Fisch ist die Brücke zu dieser Bemerkung. Jedes Mal, wenn wir Gäste aus Europa zu Besuch hatten, waren diese zum Teil kräftig darüber geschockt, wie die zweijährige Maya zum Frühstück (sie haben richtig gelesen: zum Frühstück) mit grösstem Gusto einen kleinen grillierten Fisch am Schwanz packte und diesem den Kopf abbiss. Ähnlichen Heisshunger beim Morgenessen kann man Hierzulande bei Kindern nur mit extrasüssen Cornflakes auslösen.

Lynne hat inzwischen auch die Cornflakes entdeckt, verschmäht aber einen Fisch mit Sojasauce am frühen Morgen auf keinen Fall. Mutter Nami ist eine exzellente Köchin und verwöhnt ihre Familie mit vornehmlich japanischen Köstlichkeiten, aber auch regelmässig mit westlichen Spezialitäten. Sie verbringt überdurchschnittlich viel Zeit mit der Zubereitung von Essen.

Nami übertrifft fast alle Hausfrauen mit ihren kunstvollen *Obentos*. Ein *Obento* ist die Mahlzeit, die man den Kindern mit in die Krippe, den Kindergarten oder in die Schule mitgibt. Das Mittagessen nimmt ein japanisches Kind ab etwa drei Jahren ausser Haus ein. Und dabei soll sich das Kleine oder der Knirps wenn möglich an seine liebevolle Mutter erinnern. Was Nami da aus Reis, Nori (Seetang), Karotten, Gurken, Fischen und Muscheln bastelt, bestätigt nicht nur die sagenhafte Fingerfertigkeit der Japaner, sondern auch die innige Liebe von Nami für ihre Kinder. Aus Essen entstehen Mangafiguren, Häuschen, Berge, Hasen, Löwen und alle möglichen Märchengestalten.

Die Zubereitung von solchen *Obentos* hat sich inzwischen zu einer eigentlichen Kunstform, genannt Kyaraben, entwickelt. Auch hier reicht meine Beschreibungskraft über die Vielfältigkeit von Kindermahlzeiten bei Weitem nicht aus. Denn wer kann sich schon ohne Bilder vorstellen, dass Nami aus ein paar Erbsen, einem Stück Brot und einigen dünn geschnittenen Karotten einen wunderschönen Schmetterling zaubert.
Ich sehe mich gezwungen wieder auf das Internet hinzuweisen. Dem Google einfach *Kyaraben* füttern. Der Fantasie sind keine Grenzen gesetzt. Mütter und Väter aus westlichen Ländern finden allein auf dieser Website genügend Input, um nicht nur ihre Kinder, sondern auch alle zu beeindrucken, die ein solches Kunstwerk aus einfachem Essen zu sehen bekommen.

Schreibt man vom Essen und der Fingerfertigkeit der Japaner, kommt man nicht drum rum, die hundertfachen Arten von Onigiris zu erwähnen. Auch hier macht sich Nami den Spass daraus, spezielle Kreationen von verschieden gewürzten und gefüllten Reisbällen zu basteln und ihre Kinder und ihren Mann immer wieder zu verblüffen.

Namis Familie beginnt einen ganz gewöhnlichen Tag um 06.00 Uhr. Die energiegeladene Lynne sorgt normalerweise dafür, dass der Wecker seine Aufgabe nicht erfüllen kann. Lynne kommt diesem ungeliebten Schreihals regelmässig zuvor. Papa Masayuki geht im Schnelltempo durch die Morgentoilette, verschlingt einen Toast und nimmt den Kaffee auf seine tägliche Reise ins Büro. Im Auto wird er ungewollt viel Zeit haben, diesen Kaffee zu geniessen. Im Schnitt gut und gerne neunzig Minuten pro Fahrt. Mal sehen, wie viele neue Toyotas Masayuki heute an die Frau oder den Mann bringt. Er leistet einen aktiven Beitrag, dass die Strassen noch verstopfter werden und sein Arbeitsweg sich um weitere Minuten verlängern wird.

Schon um halb acht sitzt Nami auf ihrem Fahrrad. Vorne sitzt die kleine Ray und hinten nimmt Lynne Platz. Verschiedene Taschen versuchen verzweifelt sich auf diesem fahrenden Gestell irgendwie anzuhängen. Dabei darf es an einem solchen Morgen auch mal regnen. Das Fahrrad und seine Besitzer scheuen die Nässe nicht. Ray fühlt sich wie auf einer Fahrt mit der Eisenbahn und zählt sämtliche Stationen von Tokyo nach Urawa auf. Wieder und immer wieder. Lynne trällert die neuesten Teenie-Lieder vor sich hin und Nami wähnt sich auf einem Rad mit Superstereo. Die Unterhaltung könnte nicht fröhlicher sein.

Der Stahlesel muss eine gefühlte Tonne aushalten. Ray wiegt bereits zwölf Kilo und Lynne bringt zwanzig Kilo auf die Waage. Plus Taschen und Rucksäcke von allen drei Mädchen. Geht's nur leicht den Hang hoch, muss Lynne absteigen und neben Nami herlaufen, bis es wieder flach genug wird, um das Gesamtgewicht der drei vorwärts zu bewegen. Statt wie Masayuki kaffeetrinkend im Auto zu sitzen, bewältigt Nami ihre erste Fitnessstunde auf dem Rad.

Das Fahrrad spielt in den urbanen Regionen Japans eine äusserst wichtige Rolle. Das Geld für ein Zweitauto würde bei den meisten Familien ausreichen. Platz dafür gibt es aber nur zu enorm hohen Preisen. Vom erfolgreichen Parkplatz finden ganz zu schweigen. Da ist das Velo bei weitem die praktischste Alternative. Die so fahrenden Mütter sind echte Künstler und bewegen sich im meist stehenden, motorisierten Verkehrschaos mit einer bewundernswerten Eleganz.

Das Velo bringt zuerst Ray in die Krippe und bald darauf Lynne in den Kindergarten. Kinderkrippe und Kindergarten sind vergleichbar mit den westlichen Institutionen. Mit wesentlich mehr Kindern.

Kindergärtner, Schüler und Studenten tragen Uniformen. Je nach Schule sind es andere Farbkombinationen: vorwiegend in den Farben blau, schwarz, grau und weiss. Kein Stress für Nami bei der morgendlichen Kleiderwahl. Lynne kommt es nie und nimmer in den Sinn, heute mal im Prinzessinnenkleid den Kindergarten zu besuchen. Nami wird es auch erspart bleiben, mit den beiden heranwachsenden Girls endlose Diskussionen zu führen, warum alle anderen Schulkameradinnen immer nur die neuste Mode tragen dürfen und sie als Alleareinzige die alten Klamotten mit einem Brand Image für Vierzigjährige tragen müssen. Dass die Uniformen die Individualität etwas behindern sollen, kann Nami locker wegstecken.

Schliesst man aus den obigen Bemerkungen betreffend einheitlichen Kleidern, dass es den Japanern und vor allem den Japanerinnen in jungen Jahren verwehrt bleibt, an den Modetrends der Welt teilzuhaben, liegt man total falsch.

Kinderkleidermode ist wohl in keinem Land derart hochentwickelt wie in Japan. Selbst Italien kann da nicht mithalten. Das Hochgefühl des Shoppens wird im Land der aufgehenden Sonne geradezu zelebriert. Japaner, die sich an einen neuen Sport heranwagen, studieren zuerst unzählige Fachzeitschriften. Nicht nur um möglichst viel über diese Sportart zu lernen, sondern vor allem um herauszufinden, welches die optimale Ausrüstung, inklusive die modischste Bekleidung ist. Wollen sie Tennis erlernen, marschieren die Japaner in die erste Trainingsstunde und sind mindestens so optimal ausgerüstet wie ein Roger Federer. Einschließlich des Tennisshirts, welches Roger im Moment gerade bevorzugt.

Die Japanerinnen haben den Luxusmarken von Gucci, Louis Vuitton, Rolex, Cartier, Prada über Dior so viel in ihre Kassen gespült wie keine Konsumentinnennation vor ihnen. Sie waren es, die diesen Marken das Luxuspotential so richtig aufgezeigt haben. Klar werden sie heute von den Chinesinnen im Luxuskonsum zahlenmässig übertroffen. Gestartet haben diesen Luxusgoldrush aber ganz klar die Japanerinnen.

Lynne hat den Shoppingvirus von Nami mit grossem Enthusiasmus übernommen. Die Auswahl an speziellen Kindershops und die Produktevielfalt für putzige und zuckersüsse Artikel ist grenzenlos. Die angebotenen Sortimente haben eine fast nicht vorstellbare Vielfalt. Nicht nur für Schuhe, Socken und Kleider, sondern auch für Bleistifte, Radiergummis, Notizpapier und Regenschirme. Gegenwärtig sieht man in unseren Landen auch immer mehr Cartoons aus Japan. Schnuckelige, sowie pfiffige wie auch angsteinflössende Kinderfilme. Immer begleitet mit japanischem Merchandising, das keine Kinderwünsche offenlässt. Japan setzt in vielen Bereichen weltweite Trends. Manchmal dauert es ein bisschen länger, bis solche Modeerscheinungen auch bei uns eintreffen. Lynne ist eine begeisterte *Hello Kitty*-Anhängerin. Von der Puppe zu den Büchern, Videos, Kleidern bis zum Schmuck. Schon Mutter Nami hat als Kind bereits damit gespielt, als man in der Schweiz von Kitty noch keine Ahnung hatte.

Zurück vom Luxus und der Mode zu Lynnes Karriere in der Schuluniform.

Lynnes schulische Laufbahn wurde mit der Wahl der Kinderkrippe bereits vorbestimmt. Soll ein Kind dereinst in die bekanntesten Universitäten eintreten können, ist es unabdingbar, dass es als Vierjähriges den richtigen Start erwischt und in die dafür geeignete Krippe geht. Diese Entscheidung hat Nami für Lynne gemacht. Sie verzichtete auf die bereits komplexen Eintrittsprüfungen und Tests für die allerkleinsten zukünftigen Topstudenten. Damit ist jetzt schon klar, dass Lynne nie in die Tokyo Universität eintreten kann. Dort sind die Aufnahmeprüfungen ungemein hart. So hart, dass der Volksmund sagt: *„Schläft ein Student mehr als vier Stunden pro Tag, hat er keine Chance, den Eintritt zu schaffen."* Lynne wird dieser schulische Höllentrip erspart bleiben.

Trotzdem hat die sechsjährige Lynne bereits enorm viel gelernt. Sie schreibt so ziemlich alles, was sie plappern kann. Dass sie das schon in diesem jungen Alter kann, ist für die Japaner nicht nur eine Selbstverständlichkeit, sondern eine Notwendigkeit. Um eine Zeitung lesen zu können, müssen Japaner vier Alphabete, respektive Schriftarten beherrschen: *Hiragana*, *Katakana*, chinesische Schriftzeichen *Kanji* und das lateinische Alphabet.

Das deutsche Alphabet kennt 30 Buchstaben und wir haben damit in der ersten Schulklasse mehr als genug zu tun.

Lynne schreibt mit den 48 *Hiragana* Hieroglyphen alles, was es zur schriftlichen Kommunikation braucht. Damit geben sich die Japaner aber nicht zufrieden. Für alle Fremdwörter benutzt man weitere 48 Schriftzeichen – *Katakana* genannt. Will Lynne meinen Namen *Walter Zibung* schreiben, benutzt sie ausschliesslich *Katakana*. Geht Lynne in die erste Schulklasse, kommen die chinesischen Schriftzeichen *Kanji* Schritt für Schritt dazu. Davon gibt es unendlich viele. Unendlich ist übertrieben. Japaner verwenden zwischen 3.000 und 5.000 chinesische Schriftzeichen. Um eine Zeitung zu lesen, muss man „nur" etwa 3.000 *Kanji*-Zeichen kennen. Falls das noch nicht kompliziert genug tönt, sei auch erwähnt, dass die *Kanji*-Zeichen einen völlig anderen Sinn ergeben, je nach dem mit welchen anderen *Kanjis* diese kombiniert werden.

Bei so viel Schreibkomplexität wird Lynne das lateinische Alphabet so ganz nebenbei verinnerlichen. In jedem Schuljahr wird Lynne rund 200-300 neue chinesische Schriftzeichen lernen. Als Sechszehnjährige kann sie eine japanische Zeitung einigermassen fliessend lesen.

Ganz schön knifflig. Um meine japanischen Sprachkenntnisse zu verbessern, kam ich ganz automatisch an den Punkt, wo ich mich wohl oder übel an dieses Schriftzeichenwirrwarr heranmachen musste. Zuerst mussten *Hiragana* und *Katakana* in die bereits 26-jährigen Hirnzellen rein. Dann büffelte ich die ersten *Kanji*-Zeichen. In den besten Zeiten kannte ich rund 600 davon und war in der Lage, Kinderbücher für Schüler in der dritten Klasse zu lesen. Man stelle sich ein Buch *Emil und die Detektive* vor. Einmal geschrieben für Drittklässler, mit bereits rund 600 *Kanjis*, eine zweite Ausgabe von demselben Buch für Fünftklässler mit 900 chinesischen Schriftzeichen und so weiter und so fort – bis die siebte Ausgabe von demselben Buchtitel rund 3.000 *Kanjis* integriert.

Mit so viel Lernstoff, um die japanische Schrift zu beherrschen, ist es nicht verwunderlich, dass sich die Japaner besonders schwer tun, eine Fremdsprache zu erlernen. Lynne hat den Vorteil, dass Mutter Nami lange im Ausland war und die englische Sprache einigermassen gut beherrscht.

Eine weitere grosse Herausforderung hatte Lynne vor dem Eintritt in die Primarschule noch zu bewältigen. Nein, es war kein speziell anspruchsvoller theoretischer Eintrittstest. Vielmehr wurde Lynne mit einem sich jeden Tag von neuem zu bewältigenden Problem konfrontiert.

Der Gang zur Toilette musste neu trainiert werden. Nein, nein, Lynne war schon völlig sauber und selbständig, bevor sie den zweiten Geburtstag feierte. Aber in der Primarschule wurde von den Knirpsinnen und Knirpsen eine neue alte Stellung für das alltäglich mehrfach nötige Geschäft verlangt. Schluss mit den westlichen (unhygienischen) Sitztoiletten. Zurück in die Hocke. Die in Asien weitverbreiteten Hocktoiletten kannten wir als Kinder hier in Europa nur aus unseren Ferien in Italien. Da wir Schweizer allerdings fast allesamt Skifahrer sind, haben wir mit dieser Abfahrtsstellung keine allzu grossen Schwierigkeiten.

Asiaten wiederum gucken in Europa die Sitztoiletten mit einigem Argwohn an. Sie kommen recht oft zum logischen Schluss, dass man auf die Toilettenbrille klettern muss und dann in der Hocke verzweifelt versucht, das Ziel nicht zu verfehlen.

Nicht mehr so in Japan. Die Japaner benutzen mittlerweile fast zu einhundert Prozent Sitztoiletten und haben uns Europäer in der Toilettenkultur überholt. In mehr als der Hälfte der japanischen Haushalte stehen die Bidet –Toiletten. Diese verfügen über einigen vornehmen Schnickschnack. Die Brille ist auf Körpertemperatur beheizt, saugt gleichzeitig die unbeliebten Aromen nach Draussen und gibt für die Nase angenehme Düfte frei. Selbstverständlich kann man auch noch die Wassertemperatur und den Wasserdruck der Bidetfunktion frei wählen. Das technische Wunderwerk verfügt über einen *Control Panel*, als könnte man mit dem Toilettengerät auch noch durch die Welt fliegen. Die Japaner sind auch auf der Toilette in die neueste elektronische Technik verliebt.

Bis vor dem Eintritt in die erste Primarklasse kannte Lynne nichts anderes als die Toilette mit dem höchstmöglichen Komfort. Nun galt es aber, die jahrhundertalte Kauerposition zu üben. Nur, wo übt Kind diese Stellung möglichst realitätsnah? Für Nami eine spezielle Herausforderung. Schliesslich fand sie auf einer etwas heruntergekommenen Bahn-station das ideale Trainingsobjekt. Lynne dachte nicht daran zu kooperieren und schrie mörderisch, wenn Nami versuchte sie auf dieses übelriechende Klo zu bringen. Bei jedem erneuten Versuch steigerte Lynne ihre Abwehrhaltung schon auf dem Weg zum Trainingsgelände. Ganz ähnlich wie das Kalb auf seinem letzten Gang zum Metzger. Passanten straften Nami mit vorwurfsvollen Blicken. Nami, mit ihrer Geduld am Ende, waren die Blicke sowas von egal. Sie versuchte Lynnes Geschrei mit lauthalsen Instruktionen zu übertönen. Nami hätte wissen müssen, dass in Sachen Dezibelausstoss ein Kind unschlagbar ist.

So kam es, wie es kommen musste. Der erste Schultag war Tatsache. Lynne überstand die ersten drei Tage. Immerhin sieben volle Stunden pro Schultag, ohne zu müssen. Am vierten Tag musste sie. Dringend. Wenn Lynne muss, kann sie. Sie konnte. Ohne Schreien.

Fragt man Nami nach der wichtigsten Entwicklung von Lynne im Alter zwischen fünf und sechs Jahren, kommt ihre Antwort wie aus der Kanone geschossen.

Selbstständigkeit!

Lynnes selbstgewählter Zeitpunkt für den ersten Gang auf die Kauertoilette hat in ihr mehr bewegt als nur die Darmflora. Lynne denkt und handelt viel mehr in eigener Regie und mit eigenem Timing. Das fängt damit an, dass sie nicht mehr von Nami geweckt werden muss. Selbständig zieht sie sich an, duscht, putzt die Zähne und holt sich das Frühstück aus dem Kühlschrank. Punkt 07.30 Uhr steht sie unter der Türe und wartet geduldig, bis Mami die kleine Ray zur Abfahrt bereit hat.

Um acht Uhr fängt die Schule an. Da findet die Selbstständigkeit einen jähen Unterbruch. Die Lehrerin oder der Lehrer hat die Autorität, von der die Berufskollegen in unseren Landen nur noch träumen können. Mit einem lauten „Guten Morgen" begrüssen die Kleinen diese Autoritätsperson und verbeugen sich artig. Dann wird gebüffelt, was das Zeug hält. Zur Mittagspause setzen sich alle zusammen und essen das Mitgebrachte.

Geschirr, Tisch und Boden werden von den Schülerinnen und Schülern gereinigt, bis alles wieder auf Hochglanz ist. Apropos putzen. Auch um 15.00 Uhr, das heisst nach der Schule, wird wieder geschruppt. Inklusive Toilette. Selbst der Radiergummi wird von Gummiresten befreit und die Bleistifte sind so spitz, dass sie in jeder Sicherheits-kontrolle an den Flughäfen als potentielle Waffen beschlagnahmt würden. Es herrscht noch Zucht, Disziplin und Ordnung. Noch.

Selbstverständlich gibt es neben Zucht und Ordnung Platz für viel Spass. Der Schulmorgen fängt mit einem gemeinsamen Turnen zu möglichst lauter und rhythmischer Musik an. Da wird gehüpft und getanzt was das Zeug hält. Musik nimmt nicht nur in der Schule, sondern auch zuhause einen grossen Platz ein. Es erstaunt nicht, dass selbst bei Nichtjapanern das Wort *Karaoke* zum alltäglichen Vokabular gehört. Kleinstkinder wie auch die seriösesten Businessmänner singen ab Mattscheibe zu eingeblendeten Texten in aller Lautstärke. Hemmungslos falsch bis betörend fantastisch.

Lynne besucht nach der Schule eine Tagesstätte, wo sie bis um sechs Uhr abends betreut wird. Zeit zum Spielen bleibt nicht viel. Lernen, lernen, lernen. Für körperliche Bewegung wird trotzdem gesorgt. Auch dabei wird die Leistung in den Vordergrund gestellt. Lynne liebt das Wasser. Sie schwimmt wie ein Fisch. Sie hat sich zum grossen Ziel gesetzt, bis zum siebten Altersjahr die vier wichtigsten Schwimmarten zu beherrschen. Brust, Crawl, Rücken und Schmetterling.

Um 17.30 Uhr verlässt Nami ihren Bürojob in einem Pharmaunternehmen. Sie schwingt sich wieder auf das Rad und beginnt ihre zweite Fitnesssession an diesem Tag. Zuerst holt sie Ray ab und dann Lynne. Beide Kinder sorgen wieder für beste Unterhaltung. Lynne erzählt voller Stolz, wie sie heute beim Sprint über hundert Meter alle Gleichalterigen hinter sich gelassen hat. Da kommt bei Nami ein breites Lächeln auf. Soeben hat sie von der Ray Betreuerin gehört, dass auch ihre kleinere Tochter in einem Schnelllauf gewonnen hätte. Hätte. Allerdings habe die Knirpsin genau vor dem Zielband gestoppt und einem anderen Mädchen den Vortritt gelassen. Sie hielt das Zielband für eine Barriere, die man auf keinen Fall durchlaufen durfte. Ray gab bei dieser Gelegenheit das beste Zeugnis für ihren Gehorsam ab.

Einmal zuhause kann Lynne wieder Kind sein. Es wird gespielt, gelesen und auf kleine und grosse Bildschirme geschaut. Lynne ist immer in der

Poleposition, wenn es darum geht, das Bad zu besetzen. In der Badewanne hat Nami richtig heisses Wasser vorbereitet. Ausserhalb der Wanne wäscht sich Lynne mit Shampoo und duscht das seifige Wasser vom Körper. Blitzsauber steigt sie jetzt in die Wanne. Das heisse Wasser dient zur Entspannung. Lynne ist erst bereit, diese Wohlfühloase zu verlassen, wenn Nami und Ray diese besetzen wollen.

Ein Höhepunkt kommt für Lynne beim Einschlafen. Die ganze Familie schläft in demselben Zimmer. Ein Kindertraum ist in diesem Hause Wirklichkeit. Die *Futons*, in drei Teile zusammenlegbare Matratzen, werden aus dem Schrank gezerrt und schon ist aus dem Kinderspielzimmer das Familienschlafzimmer entstanden. Papa Masayuki kommt um zehn oder elf Uhr abends nach Hause und küsst seine schlafenden Kinder.

Nami managed eine eher untypische japanische Familie. Dies hat wohl damit zu tun, dass Nami sich während längerer Zeit im Ausland aufgehalten hat. Dort sah sie einiges, das sie nach Japan importierte. Der Ehemann gehörte nicht zum Importwunsch. Es sollte ein Japaner sein. Aber bitte kein typischer Japaner. Einer, der gewillt ist, in der Familie mitzuwirken.

Ehemann Masayuki entspricht diesen Vorstellungen. Soweit es sein Arbeitspensum zulässt, spielt und lernt er mit den Kindern. Als Autoverkäufer ist er an den Wochenenden voll engagiert. Dafür kann er während der Woche seine zwei Ruhetage einziehen. Und an diesen zwei Tagen spielt er den Hausmann genau nach Namis Wünschen. Spreche ich mit Nami über ihren Angetrauten, kommt sie aus dem Schwärmen nicht mehr raus. Ist Masayuki im häuslichen Einsatz, nimmt sich Nami einen Abend pro Woche ihre einzigmögliche Auszeit. Sie verabredet sich mit Freundinnen. Pro Woche ist es nur einmal möglich, dass die ganze Familie gemeinsam das Abendessen einnehmen kann.

Der typische japanische Ehemann fährt nach der Arbeit mit seinen Arbeitskollegen in eine Bar oder in ein Restaurant. Dort kann er die Freiheiten der Berufswelt weiter geniessen und sein Timing so gestalten, dass er dann nach Hause kommt, wenn die Kinder schon im festen Schlaf sind und seine

Frau nicht mehr allzu viele Fragen stellt. Sie sollte auch müde genug sein, um ihn mit ihren Sorgen und Nöten in Ruhe zu lassen. Aber nicht sooo müde, um von ihm nichts wissen, lies spüren, zu wollen.

So geht das im Normalfall sechs Tage die Woche. Am Sonntag ist dann Sport, meistens Golf, angesagt. Wenn's hochkommt, gibt es am Sonntagabend ein gemeinsames Familienabendessen. Da kann der Mann kurz die Entwicklung seiner Kinder überprüfen, bevor er sich auf eine weitere berufliche Stresswoche fokussiert.

Masayuki funktioniert nicht so. Das hat Nami schon vor der Hochzeit sichergestellt. Sie will ihrem eigenen Beruf vollzeitig nachgehen und die Kinderbetreuung mit Masayuki teilen. Auch so bleibt der Löwenanteil der Fürsorge immer noch in Namis Händen. Was für sie zeitlich nicht zu schaffen ist, übernimmt ein gut funktionierendes Netz von Krippen, Schulen und Betreuungsstätten. Allerdings bestehen für die Krippen und Betreuungsstätten lange Wartelisten. Falls nicht beide Elternteile vollzeitig arbeiten, muss man in dieser Warteschlange gar nicht erst anstehen.

Meine Tochter Maya und ihre Cousine Nami verstehen sich glänzend. Trotzdem stellen sie sich gegenseitig die Fragen, die sich jede Frau und Mutter in irgendeiner Form früher oder später stellen wird:

„Nami, wie schaffst du es, den ganzen Tag beruflich unterwegs zu sein und gleichzeitig zwei Töchter grosszuziehen?"
„Maya, wie schaffst du es, den ganzen Tag für deine beiden Kinder und den Haushalt dauernd da zu sein?"

Beide schaffen es. Und beide schaffen.

Beide sind am Abend geschafft. Und glücklich auf ihre ganz unterschiedliche Art, das Muttersein zu bewältigen und geniessen zu können.

O-Ton Mutter Nami

„Echtes Mutterglück wird mir auf völlig überraschende Art und Weise vor Augen geführt. So ertappe ich mich, dass ich ungeschminkt und flüchtig gekämmt im Büro eintreffe. Meine Bluse verrät dank verbleibenden Reiskrümeln und taufrischen Farbflecken, dass vor wenigen Minuten noch Kinder an mir herumgegrabscht haben. Hemmungen kommen bei mir deswegen keine auf. Stattdessen trage ich diese Zeichen einer wenig perfekten Frau wie Ehrenmedaillen. Die zur stolzen Mutter mutierte Frau hat ihre Prioritäten geändert. Äusserlichkeiten haben an Wichtigkeit eingebüsst. Das innere Glück, Kinder grossziehen zu können, überstrahlt alles. ALLES!"

6- bis 7-jährig: Lani und Mutter Maya

Der Ort Lanikai hat mit Lanikai Beach einen märchenhaften, ja weltberühmten Strand. Um die Gesamtansicht von Lanikai noch etwas kitschiger zu gestalten, haben sich zwei kleine Inseln derart pittoresk im Meer positioniert, dass selbst ein Romantikmuffel ins Träumen kommen muss. Lanikai befindet sich auf der Insel Oahu in Hawaii.

In Lanikai hatten Maya (meine Tochter) und Andy (mein Schwiegersohn) ihren ersten gemeinsamen Wohnsitz. Jung und bis über beide Ohren verliebt sassen sie regelmässig an diesem herrlichen Strand, und wenn die ganze Szenerie noch übertroffen werden musste, suchten sie sich eine Vollmondnacht für ihre Schwärmereien aus. Es muss an einem solch perfekten Abend gewesen sein, als sie sich entschieden, dass ihre ersten beiden Kinder, so Rongo der hawaiianische Fruchtbarkeitsgott will, Lani und Kai heissen sollten.

Rongo wollte; Lani und Kai wurden in der richtigen Reihenfolge geboren. Schliesslich heisst dieser Ort nicht Kailani. Mit ihren Namen hatten die beiden Kinder riesig Glück. Wären Maya und Andy in ihrer romantischsten Stunde statt in Lanikai, unter dem sich rosa färbenden Abendhimmel der ungarischen Hauptstadt gewesen, hiesse Lani jetzt Buda und Kai Pest.

Lani zappelte am 8. Februar 2006 auf die Welt. Gerade richtig, um den bald in Rente gehenden Grossvater auf Trab zu halten. Als Lani den zweiten Geburtstag feierte, durfte sie mit mir den ersten Triathlon bestreiten. Dieser bestand darin, 200 Treppen hoch einen neuseeländischen Hügel zu erklimmen, diese Tritte so ganz nebenbei zu zählen... immer von null bis zehn, das ganze mal zwanzig. Bei der zweiten Disziplin galt es, auf einem Kinderspielplatz sämtliche Geräte zu nutzen und alles zu erklettern, was da so stand, ob es jetzt zum Klettern bestimmt war oder nicht. Als Drittes musste sie dann am Meer in die Wellen rennen und mit der Welle zurück in den sicheren Sand spurten. War sie zu langsam, wurde sie vom heranbrausenden Meer erfasst und durchgespült. Diese Übung wiederholte Lani, bis sie mit zählen nicht mehr weiter wusste... also zehn Mal. Nach diesem Rundkurs war sie für den Marsch nach Hause so müde, dass sie regelmässig auf meinen Schultern einschlief. Sie wurde aber hellwach, sobald ich den Laden betrat und sie das wohlverdiente Eis roch. Ja ich weiss, Eis riecht nicht, aber Lani hat es gerochen.

Auch am sechsten Geburtstag konnte ich mit grosser Befriedigung feststellen, dass Lani immer noch zappelig war. Der Triathlon bestand in diesem Alter aus den Originaldisziplinen: Schwimmen (unter Wasser, kurz nach Luft schnappen, dann weiter schwimmen unter Wasser), Fahrradfahren (ohne Seitenstützen) und Joggen. Die Distanzen wurden von Lani frei gewählt und waren immer noch im Bereich der Ausdauermöglichkeiten von Dädi.

Mit den Skiern einfach nur eine Piste runterfahren ging nicht. Es musste über kleine Schanzen gesprungen werden. Steilwandkurven gespickt mit Bäumen ersetzten müde Slalomstangen. Ging es mal zu schnell, half immer ein herzzerreissender Dädi-Schrei. Eine Schaukel wollte Lani so ausreizen, bis es zum unvermeidlichen Crash kam, eine Rutschbahn musste so gerutscht werden, dass es weit über das Ende der Rutschbahn rutschte. Solange bis der Hosenboden den ständigen Reibungen nachgab und Lanis zarte Haut malträtiert wurde. Auch mit dem Fahrrad und dem Kickboard gab es unzählige Möglichkeiten, Stürze zu provozieren.

Kinder in diesem Alter haben eine fast unvorstellbare Energie. Am besten testet jede Mutter, jeder Vater, jede Grossmutter, jeder Grossvater diese Power, indem sie oder er einmal den Versuch macht, einer sechsjährigen Knirpsin auf dem Spielplatz dreissig Minuten hinterherzurennen. Spätestens nach einer halben Stunde wird man das Handtuch werfen, sich auf eine Bank setzen und ungläubig zuschauen, wie das Kind noch während Stunden auf all den Spielgeräten weiterpowert.

Es muss auch nicht immer ein Spielplatz sein. Ein Bach genügt. Mit fliessendem Wasser, unzähligen Steinen und Holz lässt es sich stundenlang spielen. Da baut man sich den ersten Wasserfall, wirft Steine ins Wasser, bis man klitschnass ist, verändert den Fluss des Bachs, baut Brücken und bittet

Dädi ein Feuer zu entfachen. Das Spiel mit Feuer und Wasser macht jedes Kind zum ersten Menschen dieser Erde. Grossvater wird wieder Kind. Der Urinstinkt lässt grüssen. Erlegt man dann noch eine saftige Wurst und lässt sie über dem Feuer zu einer köstlichen Mahlzeit werden, entfaltet sich der Tag zum unvergesslichen Erlebnis.

Mit sechs Jahren auf dem Buckel entwickelte sich Lani vom kleinen Kind, das viel Sorge und Aufmerksamkeit bedurfte, zu meinem kleinsten Kumpel, mit dem es einfach nur Spass machte, etwas zu unternehmen. Gingen wir zum Skifahren, hatte sie ein gewichtiges Wort mitzureden, wohin wir gehen sollten. Wie lange wir die Piste runtersausten, bevor es zur wohlverdienten Kaffeepause kam, bestimmte meistens Lani. Während ich mit Kaffee und Nussgipfel schnell bedient war, dauerte das Auswahlprozedere bei Lani wesentlich länger. Auch am Morgen, trotz Minustemperaturen und eingefrorenen Fingern, konnte sie sich vorstellen, dass ein Erdbeereis die richtige Wahl sein könnte. Ich liess mich nur zu dieser Menüwahl überzeugen, wenn Lani bereit war, auf das Schokoladenei mit billigem Plastikinhalt zu verzichten. Stattdessen sollte sie mit einer heissen Ovomaltine das Erdbeereis runterspülen. Während ich in aller Ruhe die Zeitung durchblättern konnte, vergnügte sich Lani, die der Zeitung beigelegte Reklame zu studieren. Sie gab mir dann heisse Tipps, welche Lebensmittel von den Grossanbietern besonders günstig angeboten wurden. Meistens ging es da allerdings nicht um Salate und anderes vitaminreiches Gemüse, sondern schon eher um süsse Verführungen und im besten Fall um die neuste Cornflakes-Kreation.

Während diesem gemütlichen Kaffeeklatsch ersetzte sie die ständige Fragerei mehr und mehr mit ihren eigenen Geschichten aus dem Kindergarten. Da vertraute sie mir zum ersten Mal an, dass sie in einer Konfliktsituation betreffend Freunden sei. Oto aus Wellington Neuseeland sei zwar immer noch ihr erster Freund, Hanno gefalle ihr aber auch ganz gut. Sie fragte um meine Meinung, was ich von einem Mädchen halte, das zwei Freunde ihr Eigen nennt. *„Nur weiter so. Mit Freunden ist es wie beim Skifahren: Je mehr Erfahrung du sammelst, desto besser kriegst du die Kurven."* Der Fragelawine entging ich geschickt, indem ich mit Lani auf der Karte eine neue Piste auswählte und sie dazu aufmunterte, bei der nächsten Abfahrt einen neuen Sprung auszuprobieren. *„Siehst du, nur das Neue zu versuchen bringt dich im Leben weiter."* Nicht wirklich nötig zu erwähnen, dass Lani der Sprung über die Schanze beim ersten Mal gehörig misslang, die Genugtuung beim zweiten erfolgreichen Hüpfer aber umso grösser war.

Lani ist eine Prinzessin, die noch einige Frösche zu Prinzen küssen wird. Prinzessin zu sein ist eine der wenigen Konstanten in ihrem doch bereits über sechsjährigen Leben. Obwohl ich gegenüber ihr alle möglichen Kosenamen verwende, macht sie mir seit Jahren klar, dass sie eine Prinzessin ist. Das fing mit Schneewittchen an und dann war es einmal Aurora oder Pocahontas, vielleicht mal Tinkerbell oder Arielle. Prinzessin Cinderella war es aber immer und in jedem Alter. So kam es nicht von ungefähr, dass Lani bei einem Europabesuch unbedingt die Disneyland-Schlosskopie Neuschwanstein besuchen wollte. Gesagt, getan. Wir fuhren nach Deutschland und Lani liess es sich nicht nehmen, ihr schnuckeliges hellblaues Prinzessinnenkleid anzuziehen und die Schlosskopie mit der Pferdekutsche zu besuchen. Sie war von diesem Besuch begeistert und entzückte mit ihrem Erscheinen die vielen Schlossbesucher. Hemmungen sind für eine Sechsjährige immer noch ein Fremdwort und es ist zu schade, dass der Mensch sich dieses Verhalten mit dem Älterwerden aneignet.

Irgendwie hat der Schöpfer der Menschheit das Timing so geplant, dass die ersten Milchzähne bei einem jungen Menschen herausfallen, wenn die Hemmungen überhaupt noch keine Rolle spielen. Die ersten Zahnopfer sind im Regelfall die oberen Schneid-zähne. Das ergibt ein Lachen mit klaffendem Loch im Mund und Fotos von der lachenden, sechsjährigen Lani sind nur deshalb möglich, weil die Hemmungsgefühle sich noch nicht bemerkbar gemacht haben. Im Gegenteil: Die freudige Aufregung beim Wackeln des ersten Milchzahns kennt fast keine Grenzen. Die Schüler wetteifern unter sich, wer zuerst das grosse Loch präsentieren kann und schon bald spricht sich herum, wer wie viel Geld für jeden herausgefallenen Zahn erhält. Irgendwann wurde die Zahnfee erfunden. Sie hat ein wenig erstaunliches prinzessinnenähnliches Aussehen. Legt das Kind den herausgefallenen Zahn unter das Kissen, so wird es am nächsten Morgen stattdessen eine Münze finden. Die Eltern tun gut daran, beim ersten Mal die Münzengrösse nicht leichtfertig gross anzusetzen. Immerhin benötigt die Zahnfee zwanzig Mal die finanzielle Hilfe, um alle Milchzähne zu vergüten.

Während zwei Jahren hatte ich das Vergnügen, Lani und all ihre zehn Milchzahnkumpel in den Kindergarten zu begleiten. Weil der Schulweg über Feld, Wald und Wiesen für die Kleinsten etwa eine halbe Stunde dauerte, waren sich die Eltern einig, dass die Begleitung durch eine erwachsene Person von Vorteil war. Es gab da zu viele Möglichkeiten der Ablenkung. Kühe, Schafe, Hunde, Katzen, Würmer, Schmetterlinge und auch mal Mäuse sorgten für Unterbrechungen beim Marsch zur Schule. Auch ein reich beladener Apfel- oder Zwetschgenbaum konnte dafür sorgen, dass ein Kind vom Wege abkam. Und da gab es natürlich die vielen Diskussionen und Spiele untereinander, bei denen man das Laufen vergessen konnte.

So oder so, als Treffpunkt für den Marsch zur Schule wählten wir einen Misthaufen. Zehn Kinder im Alter von fünf bis zwölf, bei jedem Wetter, heiss oder kalt, Schnee, Sonne oder Regen. Auf dem Schulweg wurde auch ich recht oft und vor allem von den älteren Schülern getestet. Es kam zu etwas peinlichen Momenten und die Schüler hatten eine mortz Freude, wenn ich eine für sie leichte Frage beim besten Willen nicht beantworten konnte. *„So eine bubileichte Frage kannst du nicht einmal beantworten. Mein Vater wusste darauf sofort die richtige Antwort."* Solche Sätze musste ich öfter als mir lieb war über mich ergehen lassen. Es kam auch recht oft vor, dass ich von Witzen nur so überhäuft wurde. Ich bin nicht sehr gut im Witze behalten, aber diesen möchte ich an der Stelle mit der ganzen Welt teilen.

Man stelle sich die kleine, sechsjährige Felicia vor. Voller, langer Haarwuchs, weissblond und hellwach im Kopf. Sie erzählte mir völlig fehlerlos den folgenden Blondinenwitz. Ausgerechnet die weissblonde Knirpsin kommt mit einem Blondinenwitz daher.

„Es waren mal drei Blondinen. Die trafen eine Zauberfee.
Die Zauberfee gab jeder Blondine die Möglichkeit, einen Wunsch zu äussern.

Die erste Blondine wollte noch mehr blonde Haare. Und siehe da: Nach einem Zauberblitz stand die Blondine mit noch viel mehr blonden Haaren da.
Die zweite Blondine wollte einen noch viel grösseren Busen. Ein weiterer Zauberknall und die Blondine hatte einen Riesenbusen.
Die dritte Blondine wünschte sich, noch viel dümmer zu werden. Die Zauberfee zauderte ein wenig. Doch dann schwang sie den Zauberstab mit aller Kraft. Nach einem lauten Donnerschlag standen nur noch zwei Blondinen... und ein Mann da."

Alle zehn Kinder hielten sich die Bäuche vor Lachen. Ich nehme an, dass nur etwa die Hälfte die Pointe mitkriegte und auch Felicia diesen Witz erst später verstehen wird. Dass sich die kleine Blonde aber auf Blondinenwitze spezialisiert, wird ihrem Selbstvertrauen nur Gutes tun.

An Selbstvertrauen fehlt es auch Lani nicht. Sie hat die Buchstaben und das Lesen und Schreiben zwischen dem sechsten und siebten Lebensjahr so richtig entdeckt. Blatt um Blatt wird vollgekritzelt, alles was daherkommt mit lauter Stimme und voller Stolz ge-lesen. Eine völlig neue Welt wird mit den Buchstaben erschlossen. Das iPad gewinnt plötzlich an zusätzlicher Attraktivität. Zusammen mit Lani finden wir unzählige Lernprogramme, gute und schlechte. Auch solche, die nach ein paar Schritten freundlich oder recht unzimperlich, wenn nicht gar hinterlistig zur Zahlung auffordern, falls wir im Programm weiter surfen wollen. Lerndrang und Lernwille werden enorm angekurbelt und ich stelle fest, dass Kinder in Lanis Alter sich bereits länger auf ein Thema oder eine Aufgabe konzentrieren können.

So kommt es, dass erste Liebesbriefe geschrieben werden und ich auf Plakatgrösse lesen kann:
„ich ha di fermisst und I love you Dädi! Von Lani!"
Selbstverständlich werden auch alle anderen Familienmitglieder mit handgeschriebenen Liebesbezeugungen überhäuft und Mutter Maya kann sich fast jeden Tag an der betörenden Fanpost von Lani erfreuen.

Solche Fanpost ist ein Teil des Lohns, den Mutter Maya täglich in kleinen und grossen Raten von ihren Kindern erhält. Sie hat sich schon vor der Geburt von

Lani entschieden, falls finanziell möglich, als vollberufliche Mutter tätig zu sein. Sie fühlt sich in dieser Rolle pudelwohl. Ich behaupte sogar, dass sie dazu berufen ist. Berufung ist zwar ein grosses Wort und doch gibt es Leute, die für gewisse Berufe oder Beschäftigungen genau die instinktiv richtige Einstellung und Fähigkeit mitbringen.

Mich kann man als Babysitter jederzeit einstellen und ich übe diesen Job mit viel Begeisterung, Kreativität und Hingabe aus. Ich wäre ein unverschämter Lügner, würde ich nicht zugeben, dass ich nach einer gewissen Babysitterzeit Ermüdungserscheinungen zeige und mich auf eine Babysitterpause freue. Bei Maya scheint dieser Wunsch überhaupt nicht aufzukommen. Sie kann wochenlang, gar monatelang mit ihren zwei Goldschätzchen spielen, streiten, lieben, sie zurechtweisen, lernen, essen, waschen, putzen, weinen, lachen, etwas schlafen, Instruktionen wiederholen und noch einmal wiederholen, bestrafen, motivieren, belohnen und knutschen bis zum geht nicht mehr. Geht immer mehr. Wie die bekannte Zahnpasta Tube, die man ausdrücken kann und wenn man der festen Überzeugung ist, dass sie leer ist, kommt immer noch ein Tropfen Geduld heraus. Man muss nur lange genug und stark genug auf diese Tube pressen.

Selbst die als Mutter berufene Maya gesteht aber gerne ein, dass auch sie mal ungezwungen lange und ungestört duschen möchte. Sie betrachtet es auch als kleinen Luxus, ohne Kinder beim Arzt in einem Wartezimmer zu sitzen, ein Modeheft durchzublättern und die Ruhe zu geniessen, in der Hoffnung, der Arzt möge den abgemachten Termin noch lange nicht einhalten. Nach einem solchen herausgezögerten Arzttermin zeigen sich schon die ersten heftigen Entzugserscheinungen und sie geht ohne weitere, künstlich eingebauten Stopps, schnurstracks zurück zu ihrem lauten, fordernden und ach so bezaubernden Nachwuchs. Wenn das nicht Berufung ist.

Mutter Maya hat auch schnell gelernt, dass es keine Allerwelts-erziehungsrezepte gibt. Will sie klein Lani dazu motivieren, die letzten auf dem Teller liegenden drei Cherrytomaten zu essen, so kann sie das Ziel erreichen, indem sie so ganz nebenbei an den bevorstehenden Besuch auf dem Kinderspielplatz erinnert. Kai hingegen wird auf die Erwähnung des Spielplatzes cool und sogar abweisend reagieren. Bei ihm ist es besser, die roten Cherrytomaten mit knallroten Ferraris zu vergleichen, die unbedingt vor einem heranbrausenden Hagelschlag gerettet werden müssen. Heisst: *„Ab in die Garage, Mund auf und weg sind sie."*

Falls Lani bei einem Spielgerät wieder mal ihre koordinativen Fähigkeiten überschätzt und es zum unvermeidlichen Crash und Schreikrampf kommt, kann man sie einigermassen schnell beruhigen, indem man erwähnt, dass nur Babys derart laut plärren können. Lani wollte schon in sehr jungen Jahren auf keinen Fall ein Baby genannt werden. Kai hingegen kann im selben Alter und in derselben Situation so lange brüllen, wie er will. Nennt man ihn deswegen ein Baby, wird er uns zu verstehen geben, dass er sehr wohl ein Baby sei. Ihn kann man viel eher ruhigstellen, indem man auf ein vorbeifahrendes Auto aufmerksam macht. Hat man Glück, donnert sogar ein grosser Lastwagen durch die Strasse und der Tränenfluss wird im Nu gestoppt.

Kinder kommen so verschieden daher wie Schneeflocken. Keines ist wie das andere. Für alle findet sich eine kreative Art, wie ein bestimmtes Ziel erreicht werden kann. Auch da scheinen Mütter Feingefühle und listige Methoden ganz instinktiv mitzubringen.

Vom sechsten zum siebten Lebensjahr ereignet sich Entscheidendes, ja sogar Erstklassiges, im Leben der meisten Menschen. Maya hat eine fast schlaflose Nacht hinter sich und weckt frühmorgens die kleine Lani. Der erste Schultag ist Tatsache.

Lani besuchte die Kinderkrippe in Kilbirnie, Neuseeland und den Kindergarten in Obbürgen, Schweiz. Heute wird Lani von Mami an der Carmelita Avenue in Redondo Beach, Los Angeles aufgeweckt, damit sie sich für den ersten richtigen Schultag bereitmachen kann. Sie reibt sich verdutzt die Augen, weil sie es normalerweise ist, die Mutter Maya aus dem Schlaf holt. Überhaupt scheint Mami einen besorgten, nervösen, ja fast traurigen Eindruck zu machen. Nach einem kleinen Frühstück packt Lani den Schulsack in dem auch ein von Maya vorbereiteter Lunch Platz hat. Resolut nimmt Lani Mami an der

Hand und nach einem kurzen Fotoshooting vor dem Haus geht es zielbewusst Richtung Jefferson Elementary School. Lani total cool. Maya voller Emotionen. Auf dem Schulweg versichert sich Lani dreimal, ob es Mami wirklich gut gehe. Sie muntert Mami ständig auf und versucht sie davon zu überzeugen, dass sie den ersten Schultag schon irgendwie gut überstehen werde. Sie gibt ihr sogar den Tipp, den Lani-Entzug damit zu überbrücken, indem sie mit Kai an den Beach gehen solle. Dort könne sie mit ihm spielen und in einem Coffee Shop die Melancholie vertreiben. Rollentausch pur. Kaum auszudenken, was mit Mutter Maya emotionell abgehen wird, wenn Prinz Kai diesen grossen Schritt in die Eigenständigkeit machen wird. Lani winkt ein letztes Mal Mami entgegen und verschwindet mit einem Riesensmile ins Klassenzimmer.

Mit Lani hat Maya eine kleine *Mini-Me (eine Maya-Kopie)* auf die Welt gebracht. Als Grossvater kann ich das wirklich kompetent beurteilen. Die Szene vom ersten Schultag habe ich fast identisch mit Maya erlebt. Sie hatte auf dem etwas längeren Schulweg zur Schule in Obbürgen jede Menge Zeit, ihr japanisches Mami zu beruhigen. Maya verbrachte die ersten sechs Lebensjahre in Japan. Nur in einem Jahr lernte sie genug Schweizerdeutsch, um ohne Probleme die erste Klasse zu besuchen. Als Lani am selben Ort in den Kindergarten eintrat, haben nicht wenige Eltern die *Mini-Me* erkannt. *„Dasselbe Mädchen haben wir doch vor rund dreissig Jahren schon einmal gesehen. Das MUSS ganz klar die Tochter von Maya sein.“*

Mini-Me-Lani sieht nicht nur aus wie ihre Mutter Maya. Sie bringt auch sehr ähnliche Charaktereigenschaften mit. Ein sonniges Gemüt. Immer an vorderster Front, wenn es darum geht, mit anderen Kindern neue Spiele zu erfinden oder ein Theater zu organisieren. Mit viel Gefühl für ihre Spielkameradinnen. Voller Begeisterung mit schier endloser Energie.

Dass Kinder ihren Eltern oder einem Elternteil ähnlich sind, ist naheliegend, aber keinesfalls selbstverständlich. Da gibt es überraschende Ausnahmen. Etwa der Vater, der seine Vaterschaft anzweifelte und einen Gentest verlangte. Resultat: Weder Vater noch Mutter entsprachen den Genen des Kindes. Im Spital musste das Kind verwechselt worden sein. Zugegeben, das ist ein extremer Einzelfall. Dass ein Kind total dem Vater gleicht und der zweite Sprössling ganz die Mutter ist, das kommt schon öfters vor. Sogar bei Zwillingen kann es vorkommen, dass das eine mit schwarzer und das andere mit weisser Hautfarbe auf die Welt kommt. Die Launen der Natur kennen da fast keine Grenzen. Und die modernen medizinischen Künste verblüffen selbst die Natur. So gibt es bereits Zwillinge, die altermässig um Jahre auseinander liegen. Eingefrorene Embryos lassen grüssen.

Mini-Me-Lani lässt keine Zweifel aufkommen. Auch in Sachen Fantasie tut es Lani ihrer Mama gleich. Als die beiden an einem besonders schönen Aussichtspunkt in der Schweiz standen, staunte Lani über die vielfältigen Naturschönheiten, die Wiesen, die Blumen und die weissen Gletscher. Aber auch von all den verschiedenen Gondel- und Sesselbahnen war sie angetan. Und vor allem vom einzigartigen Matterhorn.

„Schau Mami, hier hat es denselben Berg wie im Disneyland, nur viel grösser."
„Ja Lani, das ist das richtige Matterhorn und Walt Disney hat es ins Disneyland kopiert. Die Schweiz ist das echte Disneyland."

„Mami, jetzt weiss ich, weshalb Walt Disney Mickey Mouse erfunden hat."
„Wieso denn?"

„Er hat das Matterhorn gesehen und in einer Hütte Käse und Schokolade gegessen."
„Wo ist da die Verbindung zu Mickey Mouse?"

„Aber Mami… Mäuse essen fürs Leben gerne Käse und können sich selbst durch eine Verpackung fressen, nur damit sie an die köstliche Schokolade rankommen."

Spätestens jetzt weiss die Menschheit, wie Walt Disney auf Mickey Mouse gekommen ist. Das Geheimnis ist gelüftet.

Lani und Maya werden mit ihrer gemeinsamen Vorstellungskraft noch weitere Rätsel dieser Welt lösen.

O-TON Mutter Maya

„Am ersten Schultag von Lani kamen mir Bilder von Mama Pfau und ihren fünf Küken, die bei unserem Nachbarn leben, in den Sinn. Da stand die ganze Pfauenfamilie hoch oben auf einem Scheunenausgang. Mama Pfau stürzte sich von dieser sechs Meter hohen Plattform, schwang die Flügel ziemlich hektisch und flog nicht sehr elegant zehn Meter weit. Papa Pfau sah dieser ersten Flugstunde mit einiger Skepsis und aus sicherer Distanz zu.
Das erste Küken schaute in die gähnende Tiefe, machte rechtsumkehrt und verschwand in der Scheune. Der zweite Flugschüler schwang artig mit den Flügeln, liess es aber bei dieser Übung bleiben. Von hinten drängte ein angehender Pilot nach vorn, schlug wild mit den flaumigen Fittichen um sich, sprang in die Tiefe und machte mit dem rasant herannahenden Boden schmerzhafte Bekanntschaft. Da lag das kleine, wuschelige Ding benommen am Boden und Mama Pfau erklärte die erste Flugstunde für beendet.

Lani war in meinen Bildern das Pfauenkind, das sich ohne zu zögern in die Tiefe stürzt und an keine negativen Szenarien denkt. Als Mutter weiss ich, dass Lani die Selbstständigkeit immer stärker sucht und das ist auch recht so. Gleichzeitig weiss ich aber auch, dass es der sechsjährigen Lani manchmal an der richtigen Beurteilung ihres ungestümen Tuns fehlt und sie immer noch meinen Beistand, meinen Rat braucht. Ich bin zwischen Loslassen und Festhalten hin und hergerissen.

Auch Lani ist in ihrem Innersten beim ersten Gang zur Schule nervös. Sie tut ihr Bestes, diese Nervosität nicht zu zeigen. Und so marschieren wir beide fast wortlos zur Schule. Wir spüren, dass dieser Tag einen grossen und wichtigen Schritt bedeutet. Bevor Lani im Schulzimmer verschwindet, gibt sie mir einen Kuss, versichert mir tapfer, dass sie alles im Griff hat und sich riesig auf den ersten Schultag freut.
Ich laufe nach Hause, voller Emotionen. Und erinnere mich an einen Teil des Gedichts, das mein Papi mir zur Konfirmation geschrieben hat:

,Die Zeit vergeht, dein Nest wird klein
Die Welt die wartet, sie ist Dein
Ich bleib bei Dir mit Taten und mit Liebe
Spann Deine Flügel Maya, fliege, fliege'

Flieg Lani......fliege....fliege! Mama Maya wird immer bei dir sein."

7- bis 8-jährig: Jason und Mutter Susan

Würde ich mit stereotypischen Vorstellungen den Schulbesuch vom bald achtjährigen Jason in Los Angeles beschreiben, dann könnte das Ganze etwa so tönen:

„Der übergewichtige Jason fährt mit seiner vom Schönheitschirurgen verstümmelten und vollsilikonbusigen Mutter Susan in einem benzinfressenden, umweltzerstörenden Hummer auf vier Riesenrädern 500 Meter weit in die Schule. Dort stehen hunderte von Autos Schlange, um tausende Kinder zu deponieren. Dank dieser Autoschlange verlängert sich der Schulweg um weitere tausend Meter und die abgasfreudigen Autos kommen nur im Schneckentempo voran. Die berühmten gelben Schulbusse nützen ihren Vortritt und schleppen unterprivilegierte schwarze Kinder und Latinos aus den Armenvierteln heran. Dieses multikulturelle Gemisch verschwindet in den hoffnungslos überfüllten Schulzimmern, um von schlecht bezahlten, unmotivierten Lehrerinnen und Lehrern ein Minimum an Wissen eingetrichtert zu kriegen. Schliesslich wird der ignorante Jason auch nach zehn Schuljahren glauben, dass Deutschland nördlich von New York liegt und er wird beharrlich die Schweiz mit Schweden und Austria mit Australien verwechseln. In der Pause wird den Kindern hektoliterweise zuckersüsses Cola verabreicht und zum Lunch gibt es fettige Hamburger mit kaloriengeschwängerten Freedom Fries.
Dazwischen wird die amerikanische Nationalhymne mit Inbrunst gesungen und in den Köpfen zementiert, dass die USA die grösste, schönste und mächtigste Nation der Welt ist."

Hand aufs Herz, was wissen wir deutschsprachigen Besserwisser eigentlich von den USA? Vergessen wir mal das Stereotypische. Nehmen wir Ohio. Jaja, das ist ein Staat in Amerika und ist bei den Präsidentschaftswahlen regelmässig in den Nachrichten, weil genau dieses Ohio sehr oft das Zünglein an der Waage spielt, ob in Zukunft ein Republikaner oder ein Demokrat die Welt regiert. Ohio liegt im Nordosten der USA, ist rund 60% grösser als die Schweiz und hat fast doppelt so viele Einwohner. Die Hauptstadt heisst

Columbus. Unter anderen Unternehmen haben Procter & Gamble und Goodyear ihren Hauptsitz in Ohio. Selbstverständlich kennen 99.999% der Deutschen und Schweizer diese Details von Ohio nicht. Wir mokieren uns aber genüsslich über Jason, der von unseren Ländern offenbar wenig bis gar nichts weiss.

Jason ist ein Nachbarkind von Lani und lebt in Redondo Beach, Los Angeles. Er geht in die 2. Primarklasse und besucht wie Lani die öffentliche Jefferson Elementary School. 5.5 Millionen US-Kinder besuchen Privatschulen. Die verbleibenden 90% der Schülerinnen und Schüler gehen in öffentliche Schulen. Damit kann schon mal mit dem Vorurteil aufgeräumt werden, dass ein Grossteil der Amerikanerinnen und Amerikaner sich eine Privatschule leisten müssen, weil die öffentlichen Schulen derart schlecht sind. Es stimmt auch nicht, dass sich die meisten Reichen für private Schulen entscheiden. 88% dieser privilegierten Gruppe sind mit den öffentlichen Schulen ganz zufrieden und schicken ihre Kinder dorthin. Bill Gates, Steve Jobs und Mark Zuckerberg haben einiges gemeinsam: Alle drei haben unsere Kommunikationswelt wie niemand sonst auf dieser Erde entscheidend beeinflusst, alle sind mehrfache Milliardäre, keiner erreichte einen erfolgreichen Abschluss an einer Universität und wir Europäer müssen neidisch eingestehen, dass Gates, Jobs und Zuckerberg Amerikaner sind und dort die Schulbank gedrückt haben.

In Kenntnis solcher Tatsachen müssen wir sicherlich nicht um Jason zittern und können ruhig davon ausgehen, dass ihm nach dem Schulabschluss die Türen zum Erfolg offen stehen werden. Der BMI (Body Mass Index... einmal mehr Englisch) von Jason liegt im Idealbereich von 19.5 und er wird von seiner Nanny ganze 800 Meter zur Schule gelaufen. Auf dem Weg trifft er einige Mitschüler und in geordneten Gruppen geht es Richtung Schule. An jeder Strassenkreuzung stehen freiwillige Helfer in Signalfarben bekleidet und mit einer grossen Stopptafel bewaffnet. Autos schleichen schon 100 Meter vor dem Fussgängerstreifen in Richtung Kreuzung, als wären diese Verkehrshelfer Fünfsterngeneräle, die über Sein oder Nichtsein entscheiden könnten. So viel Respekt wird in unseren Landen nicht mal einer polizeilich organisierten Strassensperre entgegengebracht.

Jason und seine Nanny haben alle Kreuzungen wohlbehalten überstanden und sind in der Jefferson Elementary School angelangt. Auf einem fussballfeldgrossen Rasen rennen bereits hunderte Schüler ihre Runden. Für jede vollbrachte Runde erhalten die sechs bis zwölf jährigen Sprösslinge ein Ticket von freiwillig mithelfenden Eltern. Die erlaufenen Tickets kann Jason seiner Lehrerin abgeben und mit der Zahl dieser Tickets kann pro Schüler berechnet werden, wie viele Meilen ein Kind, eine Klasse und eine ganze Schule pro Monat und auch pro Jahr absolviert hat. So hat im Oktober 2012 die Klasse von unserer bald siebenjährigen Lani den goldenen Schuh gewonnen. 91% der Klasse haben in diesem Laufprogram mitgemacht. Die dritte Klasse holte sich den *Dolphin Shoe* mit insgesamt 109 Meilen. Von total 500 Schülern im Kindergartenalter bis zur fünften Klasse rannten 33 Kinder einen ganzen Marathon, vier von ihnen gar deren zwei.

Nach diesem Laufprogramm geht es immer noch nicht ins Klassenzimmer. Mit ihren Lehrerinnen und Lehrern stellen sich 500 Kinder in Reih und Glied auf. Von Musik begleitet werden jetzt Gymnastikübungen absolviert. Die Übungsteile werden über Megaphon bekannt gegeben und lauten in etwa so:

„An der Stelle joggen – Seilspringen – Waschmaschine (Arme leicht angehoben nach links und rechts bewegen – Knie in die Höhe – Michael Phelps (Schwimmbewegungen mit den Armen) – Klettern (ähnlich wie Phelps) – Arschkicker (nicht in den Hintern des Vorderkindes, sondern in den eigenen Arsch mit den Fersen kicken)."

Und so weiter und so fort und das Ganze etwa viermal. Die meisten Kinder hüpfen, kicken und schlenkern die Arme wie von Bienen gestochen. 1000 Arme schwingen gleichzeitig in die Höhe, ein ganzes Meer voll Energie und Enthusiasmus. Könnte diese Dynamik und Power in elektrische Kraft umgesetzt werden, würde man das Wort Energiekrise bestimmt nicht kennen.

Wer jetzt meint, das Sportprogramm sei zu Ende, hat sich ein weiteres Mal getäuscht. Mit Yoga und entsprechend sinnlich beruhigender Musik gilt es jetzt, tief einzuatmen, die Finger gegen den Himmel zu strecken, den Hintern durchzustrecken, den Rücken zu entlasten und immer wieder einaaatmen und ausaaatmen.

Rechnet man die Zeit vom Startschuss des Rundenlaufs bis zum letzten Yoga-Atemzug, sind die Juniorinnen und Junioren rund 45 Minuten in aktiver verordneter Körperbewegung. Auch diejenigen, die mit dem Hummer zur Schule gefahren werden. Der Stereotyp betreffend den faulen Amerikanern wird in dieser Schule zu Grabe getragen. Folgerichtig sehe ich bei dem Lehrpersonal und den Eltern praktisch identische BMIs wie in der Schweiz.

Auch sonst beobachte ich viele Parallelen zur Schweiz. In verschiedenfarbigen Kübeln wird Abfall getrennt und in einer grossen Box werden nicht mehr verwendete, aber immer noch intakte Spielwaren für weniger bemittelte Kinder gesammelt.
In einer anderen Ecke sieht man jede Menge Kleider, Schuhe, Schulsäcke und Lunch-boxes. Nicht etwa gesammelt für arme Kinder, sondern als Zeugnis für die Vergesslichkeit aller Altersgruppen, weltweit. Obwohl Kinder mit völlig frischen Hirnzellen durch die Gegend laufen, leiden sie unter ähnlichen Gedächtnisschwächen wie die Generation, die noch vom Schwarz-Weiss-Fernsehen berichten kann.

Selbstverständlich gibt es auch klare Unterschiede, wie ein achtjähriger Junge den Schulbetrieb in der Schweiz und in den USA erlebt. Wie bereits erwähnt läuft Jason mit seiner Nanny in die Schule. In Los Angeles gibt es fast so viele Nannys wie Kinder. Auf einem Spielplatz ist man mit seinem Grosskind etwas verloren, wenn man der spanischen Sprache nicht mächtig ist. Mexikanische Nannys sind das Rückgrat von Los Angeles. Ohne sie würde diese Stadt wohl kollabieren. Ich konnte nirgends glaubwürdige Zahlen über die Nanny-Wertschöpfung ausfindig machen, wäre aber nicht verwundert, wenn diese Dienstleistung Grössenvergleiche mit dem Hollywood Filmbusiness nicht scheuen müsste. Es gibt hunderte von Nanny-Agenturen, die tausende von Nannys vermitteln. Angefangen von der Stundennanny bis zur Nanny, die immer mit der Familie lebt. Im letzteren Fall kann es allerdings so weit gehen, dass die Nanny nicht nur zu den Kindern schaut, sondern ebenfalls

Gutenachtgeschichten an den im Hause lebenden Vater erzählt. Auch ein bekannter Muskelprotz soll solche Dienste von einer Nanny beansprucht haben und diese Frau soll derart kooperativ gewesen sein, dass sie auch noch für dessen Familienerweiterung gesorgt haben soll.

Um solche Zusatzdienste zu vermeiden, entschloss sich Jasons Mutter Susan für die ganze Arbeitswoche eine Nanny von 07.30 Uhr morgens bis 17.00 abends anzustellen. Der tägliche Nanny Kontakt mit dem Vater wurde so auf einen kurzen und völlig gefahrlosen Gutenmorgengruss reduziert. Susan war sich schon vor Jasons Geburt im Klaren, dass sie einen Grossteil der Mutterrolle an eine Nanny delegieren würde. Susan arbeitet sehr erfolgreich im Finanzbereich und will diesen Beruf auch als Mutter vollzeitig ausüben. Die Gehälter beider Eltern erlauben es, dass man eine sehr gut qualifizierte Nanny mit rund $ 3.000.- pro Monat einstellen kann. Sehr gut qualifiziert bedeutet, dass die Nanny sogar einige Englischsätze im Griff hat. Jason machte in seinem achtjährigen Leben bereits mit vier Kindermädchen Bekanntschaft. Sie kleidet ihn, gibt ihm zu Essen, bereitet die Lunchbox vor, spaziert mit ihm in die Schule, holt ihn dort ab und hilft ihm bei den Hausaufgaben.

Susan kommt pünktlich um 17.00 Uhr nach Hause und versucht dann so viel Zeit wie nur möglich mit Jason zu verbringen. Dies gelingt ihr allerdings nur selten, weil sie 24x7 mit der Finanzwelt in Kontakt sein muss. Oder wenigstens glaubt, sein zu müssen. Die Wochenenden sind meist gefüllt mit Action an dem naheliegenden Strand und Meer und auf den etwas entfernteren Bergen – will heissen, fünf Autostunden entfernt, Megastaus nicht inbegriffen. Darüber hinaus kommt noch jede Menge elektronische Kommunikation. Inmitten dieses emsigen Treibens versucht Jason, oft erfolglos, seine Eltern wahrzunehmen.

An einem Freitag im November geht Jason ganz stolz mit seinem Vater zur Schule. Zwei Tage vor dem offiziellen *Veterans day*. Am 11.11.1918 um 11.00 Uhr wurde von den Alliierten und Deutschland der Waffenstillstand ausgerufen. Und damit hatte man die Absicht, den Krieg aller Kriege zu beenden. Offiziell wurde der 1. Weltkrieg am 28. Juni 1919 in Versailles beendet. Der amerikanische Präsident Wilson erklärte das Waffenstillstandsdatum zum offiziellen Gedenktag für die gefallenen Soldaten. Interessant, dass der 11.11. schon im 19. Jahrhundert als Datum herhalten musste, an dem der Karneval lanciert wurde. Ob die Krieger 1918 an diesem Tag tatsächlich an Karneval gedacht haben, ist eher unwahrscheinlich.

Am Tag, an dem in den deutschsprachigen Ländern der Fasching oder die Fastnacht gestartet wird, läuft Vater Brendan mit einer Armeemütze Richtung Schule. Jason ist total stolz auf seinen Vater und ist bereit, ein paar extra Runden um das Baseballfeld zu drehen. Vor allem auch deshalb, weil heute pro Runde doppelte Tickets ausgehändigt werden. Tatsächlich nehmen an diesem Tag viele Eltern am allmorgendlichen Lauf teil. Darunter gemischt sind junge Soldaten und auch einige echte Veteranen. Es wird viel Flagge gezeigt, aber die Nationalhymne höre ich zu meiner Überraschung auch an diesem feierlichen Tage nicht.

Man denkt viel an die Soldaten und vor allem will ganz Amerika nie vergessen, dass tausende ihrer Bürger irgendwo auf der Welt für ihr Land kämpfen. So ist es nicht verwunderlich, dass Jason einen Monat vor der Weihnachtszeit eine ganz spezielle Aufforderung aus der Schule mitbringt:

„Operation Gratitude Holiday Drive. Wir schreiben unseren Soldatinnen und Soldaten, die im Ausland für uns im Dienst sind und drücken ihnen damit unsere grosse Dankbarkeit für ihre ehrenvolle Arbeit aus. Bitte motivieren Sie ihre Kinder, zu diesem Thema Zeichnungen, Briefe oder Postkarten zu gestalten. Die Message sollte positiv und aufmunternd sein. Sie können auch kleine Sachen spenden. Zum Beispiel DVDs, CDs, Spiele, Puzzles, gut verpackte und lang haltbare Esswaren, Getränke in Pulverform, Schreibutensilien und so weiter und so fort. Bitte geben Sie Ihrem Kind diese Sachen bis am 14. November mit in die Schule. Vielen Dank für Ihr Mitmachen.“

Eine ganz andere Hausaufgabe erhielt Jasons Schulklasse Ende Oktober. Jedes Kind sollte seinen *Magic Moment*, seinen magischen Moment des Jahres beschreiben und zeichnen oder fotografieren. Für einmal musste Jason nicht lange studieren und er freute sich geradezu auf diese Hausaufgabe. Am Wochenende des 13. Oktobers 2012 sah Los Angeles etwas, das selbst die von Hollywood verwöhnten Einwohner begeisterte. Die Raumfähre *Endeavour* wurde auf den Strassen von Los Angeles vom Flughafen zum Science Museum überführt. Um dieses an Ultrageschwindigkeiten gewohnte Spaceshuttle im Schneckentempo zu transportieren, mussten einige Bäume gefällt und hunderte von Kabeln, Signalanlagen und Telefonstangen versetzt oder abmontiert werden. Jason, Susan und Brendan waren unter den tausenden von Schaulustigen und genossen diesen ganz speziellen Umzug. Mit Fotos dokumentiert beschrieb Jason die Details dieses Ereignisses und erwähnte die verschiedenen Flüge der Endeavour fast wissenschaftlich genau. Seine Arbeit ist gegenwärtig in einem speziellen Raum in der Schule zu bewundern.

Obwohl Jason einen hervorragenden Kunstbeitrag geleistet hat, wird er im besten Fall den zweiten Rang belegen. Ein Mädchen namens Lily hat mit dem Beschrieb ihres *Magic Moments* so viele Leute zu Tränen gerührt, dass ihr der Gewinn dieses Wettbewerbs sicher ist. Für einmal sind sich alle Eltern einig, dass Lily die Gewinnerin sein soll, sein muss.

Das Mädchen beschreibt, wie es sich auf die Geburt ihres kleinen Bruders freute. Sie weiss, dass ihr Bruder das Down Syndrom hat. Diese Fehlentwicklung wurde bei einer vorgeburtlichen Untersuchung festgestellt. Die Eltern entschieden sich für das Leben ihres Sohnes und erklärten die Sachlage der kleinen Lily in allen positiven und negativen Details. Lily erzählt, wie sie mitgeholfen hat, das Kinderzimmer ihres Bruders vorzubereiten, wie sie bei der Geburt mit dabei sein konnte und wie sich der magische Moment anfühlte, als sie den frisch Geborenen zum ersten Mal tragen durfte. Die Story ist mit Fotos belegt. Lily gelobt, dass sie immer für ihren Bruder da sein wird und sie ihm beim Überspringen der zusätzlichen Lebenshürden mit Liebe und Leidenschaft beistehen wird.

In Amerika ist es eine Selbstverständlichkeit, dass die Schule über den Mittag die Kinder betreut. Für den Lunch gibt es zwei Möglichkeiten: Entweder kauft man das Essen für die Kinder in der Cafeteria der Schule oder man gibt dem

Kind das Essen in einer Lunchbox mit. Susan wählt einmal die Cafeteria und ein anderes Mal bereitet sie den Lunch selber vor. Einmal die Woche gibt es von der Schule die Auflage, dass die Lunchbox keinerlei Abfall produzieren darf. *No trash day.* Es muss alles so vorbereitet werden, dass Jason am Ende des Mittagessens vor einer leeren Lunchbox hockt. Kein Papier, kein Plastik, kein Zellophan, keinerlei Essensreste. Eine sehr interessante, unamerikanisch anmutende Übung für unsere abfallgewohnte Gesellschaft und zur Nachahmung wärmstens empfohlen.

Um 14.30 Uhr fühlt man sich auf dem Schulgelände der Jefferson Elementary School ins Land der Pinguine versetzt. Fast alle von uns haben schon mal in einem Dokumentarfilm gesehen, wie sich tausende von Pinguinen nach langem Getrenntsein wieder vereinen. Nicht nur sehen die reizenden Tiere genau gleich aus, auch ihre Rufsignale tönen zum Verwechseln ähnlich. Wie von magischen Händen geführt finden sie in einem riesigen Pinguinengetümmel ihren ach so geliebten Partner. Auf dem Schulgelände stehen ein paar hundert Eltern, Grosseltern und Nannys und warten auf die schrille Glocke, die wie ein Tsunami-Warnsignal tönt. Und tatsächlich ergiesst sich ein Kindertsunami aus den Schulzimmern und strömt unaufhaltsam den Wartenden entgegen. Innert einer Minute liegen sich die richtigen Kinder mit ihren Betreuern in den Armen.

Auch Jason hat seine Nanny in Rekordzeit gefunden und die beiden laufen nach Hause. Der Schulweg führt beim *JambaJuice* vorbei und Jason kann seine Nanny davon überzeugen, dass ein Smoothie den Tag nicht nur verschönern könnte, sondern auch den nötigen Treibstoff für die anstehenden Hausaufgaben liefern würde. *JambaJuice* appelliert voll an das gesundheitsbewusste Gewissen. Frische Früchte aller Art, Milch und Jogurt, 1/3 weniger Kalorien dank weniger Zucker. Laut *JambaJuice* sind Beeren aller Art echte Fettverbrenner. Jedes Getränk wird mit der genauen Kalorienzahl offeriert und man kann alle *Smoothies* mit *Energy Booster* oder mit *Immunity Booster* anreichern. Meine Tochter gönnt sich regelmässig den *Energy Booster*. Da ihre Kinder bereits wandelnde *Red Bulls* sind, vermeidet sie es tunlichst, ihnen noch mehr Power zu verabreichen. Das Immunsystem zu stärken kann bei Kindern, die in der Schule ständig sämtliche Viren und Bakterien einatmen, allerdings nichts schaden.

Obwohl Jasons Immunsystem sich auf einem sehr hohen Niveau bewegt, kratzt er sich verdächtig oft in seinem üppigen Haarschopf. Nicht etwa weil er überdurchschnittlich viel Mühe mit den Hausaufgaben hat, sondern weil er von etwas geplagt wird, das in seinem Alter in den besten und schlechtesten Schulen auf dieser Welt auftreten kann. Seine Klasse wurde von Kopfläusen heimgesucht.

Ob arm oder reich, ob hygienisch vorbildlich oder lausig, die Läuse finden ihre Opfer auf allen Kontinenten. Es kümmert sie nicht, ob die Haare täglich gewaschen werden oder nicht. Sie können auch nicht wissen, ob die Eltern der haarigen Knirpse reich oder arm sind. Beim Läusealarm bricht im Normalfall eine unnötige Panik aus, die sich in viel Aktionismus äussert. Autos werden gereinigt, Kopfstützen insbesondere. Bettlacken, Kissenanzüge und Kleider dreimal und mit fast kochendem Wasser gewaschen. Kuscheltiere, Spielzeuge und Mützen für vier Wochen in Plastiktüten verbannt. Ja, ja, die kleinen Viecher schaffen es, dass ein ganzer Haushalt nullkommaplötzlich auf einen hygienischen Höchststand kommt, dass Haare dreimal am Tag gewaschen werden und der Körperkontakt in der Familie einen bedenklichen Tiefststand erreicht. Die Läuse profitieren bei dem eifrigen Getue, indem sie zu den saubersten Schmarotzern mutieren und absolut reines Kopfhaarblut zu sich nehmen dürfen. Dies wiederum treibt sie zur Höchstform in der Eierproduktion.

Kennt man die Fakten der Läuseinvasion, weiss man, dass die Übertragung der millimetergrossen Störenfriede nur über direkten Haarkontakt erfolgt. Ohne Blut saugen zu können, überleben die Winzlinge nur wenige Tage. Nackenstützen, Kissen, Mützen und Kuscheltiere sind als Blutspender ungeeignet. Eine Pest sind die Läuse allemal. Nur gut, dass es absolut probate Mittel gegen sie gibt. Fragen sie ihren Apotheker. Er erklärt ihnen die erfolgsversprechenden Methoden und informiert sie über Risiken und Nebenwirkungen. Sicherlich verkauft er auch gerne Beruhigungspillen für in Panik geratene Läusekiller. Jasons Entlausungsmethode hat Wunder gewirkt und er kratzt sich nicht mehr wie wild am Kopf. Allerdings scheinen die Läuse ihn nicht verlassen zu haben, denn er hat fast nur Unsinn im Kopf. Ein richtiger Lausbub also.

Die Nanny ist meistens das Ziel seiner Lausbubenstreiche. Sie hat vor Spinnen derart Angst, dass sie sich selbst mit dem Teufel verbünden würde, um dieses schreckliche Ungeziefer für immer aus ihren Augen zu verbannen. Jason sorgt dafür, dass sich Nannys Spinnenphobie auch auf den Teufel überträgt. Er schafft dies mit lebenden, toten und aus Plastik geformten Krabbeltieren. Strategisch so platziert, dass die Nanny das Schreckgespenst unmöglich übersehen kann und ihre Entdeckung unweigerlich mit einem fürchterlichen Schrei der ganzen Welt kundtut. Jason ist auch hinterhältig oder clever genug, die Spinnen bestenfalls einmal die Woche auf seine Aufpasserin anzusetzen, damit sie sich ja nicht an diese widerwärtigen Insekten gewöhnt.

Lausbub Jason ist jetzt auch in dem Alter angelangt, wo ein Kind so langsam die Unschuld verliert. Zum ersten Mal glaubt er in dieser Adventszeit definitiv nicht mehr an den Weihnachtsmann. Vor einem Jahr wusste er dank den hartnäckigen Gerüchten, verbreitet von den älteren Schülern, dass der Weihnachtsmann wohl nur ein Hirngespinst der Erwachsenen sei. So ganz sicher war er sich aber nicht, weil seine sonst glaubwürdigen Eltern an dieser Geschichte festhielten. In der Zwischenzeit hat Jason aber gelernt fliessend zu lesen und im Internet zu surfen. Jaja, die Fähigkeit zu lesen öffnet den Zugang zu völlig neuen Welten, es macht aber auch die ach so herrliche Türe zur heilen Märchenwelt langsam aber stetig zu.

Gegenüber seinen Nachbarskindern muss Jason regelmässig demonstrieren, dass er alles besser kann, viel mehr weiss, neuere Spielzeuge und teurere fernbediente Trucks hat. Und auch wildere Tricks auf seinem Fahrrad vorführen kann. Falls seine Spielgefährten ihm nicht sofort für dieses überlegene Getue die nötige Bewunderung zollen, kann Jason mit einem breiten Repertoire von Fluchworten nachhelfen. Mit seinen bald acht Jahren auf dem Buckel ist Jason nur allzu gerne bereit, bei seinem Nachbarfreund zu übernachten ohne irgendwelches Heimweh zu verspüren. Er bringt es auch fertig, seinen Eltern mit überzeugenden Argumenten zu widersprechen. Als Fakten aufgetischte Sachverhalte seiner Erzieher werden von Jason immer häufiger zerzaust.

All diese Entwicklungen zeigen auf, dass in diesem Alter die Kinder nicht nur in Amerika, sondern überall auf dieser Welt ihre Unabhängigkeit und Eigenständigkeit Schrittchen für Schrittchen einfordern.

Mutter Susan kommt die Entwicklung von Jason in die Selbstständigkeit voll entgegen. Schon bald kann sie auf die Dienste der Nanny verzichten, weil Jason alt genug sein wird, für sich selber zu sorgen. Dazu wird sie von einer gut funktionierenden Infrastruktur in Los Angeles profitieren, die beruflich voll engagierten Eltern hilft, die Kinder zu betreuen. Ohne Nanny wird Jason nach dem Schulunterricht bis sechs Uhr abends in der Schule bleiben. Dort wird man sich um ihn kümmern und es wird gleichzeitig sichergestellt, dass seine Hausaufgaben erledigt werden. Kommt Jason nach Hause, wartet dort schon Vater Brendan auf ihn. Brendan ist auf dem Bau beschäftigt und hat feste Arbeitszeiten. Nicht so Mutter Susan.

Susan hat in ihrem Beruf so ziemlich alles richtig gemacht und ist in den letzten zwanzig Jahren stetig die Karriereleiter hochgestiegen. Auf jedem Spross dieser Leiter schob sie das Mutterwerden weiter hinaus. Sie gibt heute offen zu, dass sie von Hollywoodstars ein etwas trügerisches Bild vorgesetzt erhielt.

Diese Stars machen nicht nur den Frauen in Los Angeles, sondern allen weiblichen Wesen dieser Welt klar, wie kinderleicht es ist, mit vierzig Jahren auf dem Buckel schwanger zu werden und schwanger zu sein. Zwei Wochen nach der Geburt präsentieren sie sich glamouröser und fitter auf dem roten Teppich als je zuvor. Dafür sind sie bereit, einen gewichtigen Teil ihrer eingespielten Schauspielergage einzusetzen. Sie lassen sich von Topärzten betreuen, die auf dem neusten medizinischen Stand sind, um eine Schwangerschaft zu garantieren. Nach der Geburt haben sie auch das nötige Kleingeld, um den persönlichen Trainer, das Kindermädchen, die Coiffeuse, die Make-up Artistin und die Stylistin zu beschäftigen. All diese

Spezialistinnen arbeiten auf Teufel komm raus mit dem Ziel, aus der müden und geschwächten Mutter innert kürzester Zeit wieder eine schillernde Schauspielerin zu kreieren. Und schon bald berichten die Hochglanzmagazine allen Bewunderinnen und Neiderinnen über die Leichtigkeit des Kinderkriegens. Auch für Frauen Ende dreissig.

Unter anderem waren es solche schmerz- und problemlosen Homestories der kinderkriegenden Filmstars, die Susan dazu ermunterten, es doch noch mit dem Nachwuchs zu versuchen. So kitschig leicht lief es für sie allerdings nicht ab. Bis sie endlich schwanger war, vergingen mehr als zwei Jahre. Während der Schwangerschaft hatte sie so viele Komplikationen, dass die neun Monate zu gefühlten Jahren wurden. Auch nach der Geburt verlief alles wesentlich mühsamer, als es die Leinwandheldinnen suggeriert hatten. Trotz Nannyhilfe fühlte sie sich von der Baby- und Haushaltsarbeit überwältigt. Sie träumte von ihrem Job als Finanzberaterin.

Mit der Wiederherstellung ihres äusserlichen Aussehens machte sie statt den traumhaften Fortschritten lauter frustrierende Rückschritte. Den absoluten Tiefpunkt erreichte sie auf einem Spaziergang mit ihrem dreimonatigen Jason. Eine wohlgesinnte Frau überhäufte sie mit Komplimenten für ihren Sprössling und war kaum zu stoppen mit ihrer Bewunderung für Jasons blaue Augen und weissblonden Haaren. Ein auf die Erde gelandetes Engelchen. So weit, so gut. Hätte die gute Dame beim Weggehen nicht noch beiläufig vor sich hingemurmelt, dass Susan verdammt gut aussehe und das Grosskind die Schönheit wohl voll von ihr geerbt habe.

Susan als Grossmutter des Engelchens!!! Das bedeutete für Susan Alarmstufe 1. Jetzt mussten Kilos weg, Falten weg, graue Haare weg. Alles weg. Koste es, was es wolle. Zum Teufel mit den vierzigjährigen Filmstars und ihren makellosen, mühelosen Mutterbildern. Susan arbeitete am Verschwinden der grauen Haare genau zwei Stunden. Will heissen, eine vietnamesische Coiffeuse war dafür verantwortlich. Bei den Falten dauerte es einiges länger. Die Softlaserbehandlungen halfen wenig bis gar nichts. Die Extrakilos wehrten sich ebenso hartnäckig gegen eine Entfernung. Nach viel Geld- und

Zeitverschwendung, ohne namhafte Erfolge, gab sie entmutigt auf. Sollen die Leute denken, was sie wollen.

Stattdessen setzte sie alles daran, sobald wie möglich wieder in die Finanzwelt zurückzukehren. Sie musste einige Sprossen der Karriereleiter zurückklettern, um den Wiedereinstieg zu finden. Sie hätte aber auch ohne Jammern wieder ganz unten angefangen, nur um dem haushälterischen Mutterstress zu entkommen.

Heute kann Susan dieser Erfahrung nur Positives abgewinnen. Keine Frage, sie liebt ihren Jason und ist glücklich wie sich der Kleine zu einem echten Partner entwickelt. In ihrem Job hat sie sich schnell wieder zurechtgefunden und hat ein Lächeln für ihre Arbeitskollegen übrig, die sich gestresst über Problemchen aufregen, die für Susan mit Leichtigkeit zu überspringende Hürden darstellen.

In diesem Kapitel sind die Namen der Personen frei erfunden. Alles andere, inklusive erwähnte Orte und Ereignisse, entsprechen den Tatsachen. So wie es der Schreiberling erlebt und beobachtet hat.

8- bis 9-jährig: Fynn + Michel und Mutter Anke

Anfang 2004 machten sich zwei Embryos daran, von der Schweiz nach Patagonien zu reisen. Patagonien ist eines der ganz grossen Traumziele für alle Bergbegeisterten.
Weiter weg geht nicht. Schroffere und schwierigere Aufstiege gibts fast nicht. Raueres Land kaum vorstellbar. Wildere Winde kombiniert mit eisiger Kälte nirgends. Natur pur.

Anke Clauss beschreibt diese Gegend viel wortgewandter und poetischer:
„Wer einmal auf einem patagonischen Gipfel stand und über das endlos weite patagonische Inlandeis blickte, wird sich der Faszination dieser Landschaft nicht mehr entziehen können. Sie ist ein Teil dieser Gebirgswelt – archaisch, wild und einsam."

Auf ihrer ersten Reise zu diesen grossartigen Berglandschaften wollten die beiden Embryos auf sicher gehen. Bei gleichbleibender Temperatur von rund 36.5 Grad, windgeschützt und bei genügend warmer Nahrungszufuhr. So konnten die beiden diese unwirtliche Gegend komfortabel entdecken. Zudem hielt sich der Kraftverschleiss in machbaren Grenzen und die Höhenangst war auch kein Thema. Durch die Augen ihrer Mutter konnten sie die Granitwände und die farbenprächtigen Gletscherseen in vollen Zügen geniessen.

Nach wochenlangen Abenteuertrips, umgeben von den Granitriesen Cerro Torre, Fitz Roy und Torres del Paine, hatten die beiden Leibesfrüchte genug des Kletterns und entschlossen sich Richtung Zivilisation getragen zu werden. Auf diesem Treck wurde die Nahrung mit vielen Beeren des Calafatestrauches angereichert und die Fettzufuhr war, dank dem regelmässigen Verzehr von argentinischem Asado-Lamm, ungewöhnlich gross. So gross, dass die beiden Embryos beschlossen Alarm zu schlagen.

Anke verspürte ein neues Gefühl des Unwohlseins und musste sich eingestehen, dass ihre Flasche ganz einfach leer war. Auch das viele Lammfett konnte diese Flasche nicht mehr füllen.

Zuhause angekommen war das Verdikt ihres Arztes unzweideutig. Zwei blinde Passagiere hatten mit ihr die Reise in den südamerikanischen Süden gemacht.
„Warum denn zwei?" Die überraschte Frage von Anke.
„Weil Zwillinge bei ihnen heranwachsen, ich gratuliere!" Die Antwort des Mediziners.

Die Calafatebeeren verfehlten ihre Wirkung auf die heranwachsenden Zwillinge nicht. Eine patagonische Sage berichtet von diesen Beeren. Derjenige, der davon isst, wird verzaubert und wird mit aller Kraft wieder in die patagonischen Berge hingezogen und dorthin zurückkehren. Noch keine neun Jahre alt sind die Zwillinge schon zum dritten Mal im Schatten des Fitz Roy gesehen worden.

Die Schwangerschaftsnachricht traf Anke wie aus heiterem Himmel. Zusammen mit ihrem Freund Carsten von Birckhahn hatte sie bereits weitere Bergabenteuer geplant. Mit den schnell heranwachsenden Zwillingen mussten diese Pläne auf die lange Bank geschoben werden. Bei ihrem Arbeitgeber gab sie die freudige Nachricht bekannt, damit sich diese auf ihre Absenz entsprechend vorbereiten konnten. Sie bat um eine Teilzeitbeschäftigung nach dem Mutterschaftsurlaub und war voll gewillt, das doppelte Muttersein und den Beruf unter einen Hut zu bringen. Nach der Geburt war ihre Überraschung umso grösser, als die Firma ihr die Kündigung aussprach. Mit der Begründung, sie sei als doppelte Mutter sicherlich nicht in der Lage, die beruflichen Verpflichtungen zur Zufriedenheit des Arbeitgebers zu erfüllen.

Eine Kündigung unter diesen Umständen und mit dieser Argumentation hat in ganz Europa wohl nur in der Schweiz eine Chance, für die Firma schadlos durchzukommen. In einem derartigen Fall hätte in Deutschland oder Frankreich die Gewerkschaft dem Arbeitgeber mächtig Feuer unter dem

Arsch gemacht. In den USA wären Anwälte garantiert in der Lage gewesen, von einem solch familienfeindlichen Unternehmen ein paar Millionen Dollar für Anke rauszuholen.

Die Schweiz hat viele positive Seiten. Familienfreundlichkeit gehört nicht dazu. Im März 2013 konnten die Schweizer über einen neuen Artikel zur Familienpolitik abstimmen:

„1. Der Bund berücksichtigt bei der Erfüllung seiner Aufgaben die Bedürfnisse der Familie. Er kann Massnahmen zum Schutz der Familie unterstützen.
2. Bund und Kantone fördern die Vereinbarkeit von Familie und Erwerbstätigkeit oder Ausbildung. Die Kantone sorgen insbesondere für ein bedarfsgerechtes Angebot an familien- und schulergänzenden Tagesstrukturen.
3. Reichen die Bestrebungen der Kantone oder Dritter nicht aus, so legt der Bund Grundsätze über die Förderung der Vereinbarkeit von Familie und Erwerbstätigkeit oder Ausbildung fest."

Immerhin stimmten 54.3 Prozent der Bürger für diesen neuen Artikel. Die Vorlage scheiterte aber am Ständemehr. Vor allem ländliche Kantone der Deutschschweiz wollten keine staatlichen Vorschriften zur Kinderbetreuung.

Das Institut der deutschen Wirtschaft Köln hat einen Familienfreundlichkeitsindex für Europa erstellt. Darin wurden Rahmenbedingungen für Familien, wie z.B. Geld (Kindergeld, Steuererleichterungen), Zeit (Mutterschafts-/Vaterschaftsurlaub) und Infrastruktur (Kinderbetreuung) berücksichtigt und bewertet. Zusammen mit den skandinavischen Ländern stehen Frankreich und Ungarn an der Spitze, gefolgt von Belgien und Deutschland. Hinter Griechenland und Polen ist die Schweiz ganz einsam und ohne rot zu werden auf dem allerletzten Rang zu finden. Da ist es nicht verwunderlich, dass die Schweiz in Sachen Wirtschaftsfreundlichkeit in der Champions League mitspielt.

Wenn jetzt jemand genüsslich auf die familienfeindliche Schweiz Steine werfen will, kommt bei mir der Schweizer so richtig in Fahrt. Dank wirtschaftsfreundlichem Umfeld hat die Schweiz eine rekordverdächtig tiefe Arbeitslosenquote. Will heissen: Es ist viel leichter, einen Job, auch Teilzeitjob, zu finden. Und dann kann man immer noch derjenigen Firma eine lange Nase drehen, die vor lauter Profitgier nicht daran denkt, dass unsere Welt Kinder braucht, um weiter zu funktionieren.

Anke hatte keine Zeit wegen ihrem Rauswurf aus der Firma am Boden zerstört liegenzubleiben. Erstens ist das nicht in ihrem Naturell. Jemand, der leidenschaftlich gerne klettert, weiss, dass es Stürze gibt und dass die Höhepunkte auf einem Gipfel Motivation genug sind, so schnell wie möglich wieder hochzusteigen. Zweitens hatte sie vor einigen Wochen, genau gesagt am 12. August 2004, per Kaiserschnitt zwei stramme Jungen auf die Welt gebracht. Michel wollte fünf Minuten vor Fynn an die frische Luft. Das genaue Datum und die Art der Entbindung muss hier zwingend erwähnt werden. Denn auf den Tag genau, zwei Jahre später, wurde Dana auf völlig natürliche Weise geboren. Wie sie diesen Zufall geschafft hat, bleibt für immer ihr Geheimnis.

Hier etwas für Statistiker:

	Michel	Fynn
22.10.2004		
02.10	Re 10	Li 11
06.25	Li 13	Re 13
09.15	Re 10	Li 10
11.50	Li 15	Re 14
15.00	Re 15	Li 15
18.00	Li 25	Re 25
20.40	Re 12	Li 11

Nein, Anke ist weder Statistikerin noch Buchhalterin. Ihre beruflichen Fähigkeiten sind im Marketing und PR-Bereich zu finden. Sie liess es sich aber nicht nehmen, vom 12. August 2004 bis zum 12. Mai 2005 für jeden Tag die obenerwähnten Zahlen fein säuberlich in ein Journal einzutragen.

Akribisch, Tag für Tag. Warum sie das getan hat, erklärt sie mit der Tatsache, dass sie keine Ahnung hatte vom Mutterberuf und dass sie in dieser Zeit das Gefühl hatte, das wäre ein Teil der Gerechtigkeit, die sie ihren Kindern entgegenbringen sollte.

Für Leserinnen und Leser, die mit obigen Zahlen nichts anfangen können, hier die Entschlüsselung: Am 22.10.2004 wurden Michel und Fynn total siebenmal, jeweils gleichzeitig, gestillt. Damit keiner der beiden Grund hatte, sich zu beklagen, erhielt jeder Mal die linke, dann die rechte Brust. Zum Glück für die Mutter waren Fynn und Michel ausgesprochene Schnelltrinker und lagen zeitlich maximal eine Minute auseinander. Studiert man die frauliche Anatomie, kommt man schnell zum Schluss, dass das Gebären von Zwillingen das natürlichste der Welt sein muss. Was soll ein einzelner Säugling denn mit zwei Brüsten anstellen?

Aber halt, nicht so schnell! Zurück zu Ankes Statistik. Jedermann, und damit meine ich wirklich jeder Mann, soll sich diese Zahlen mal in aller Ruhe und in allen Details auf der Zunge zergehen lassen. Zum Stillen wurde Anke üblicherweise durch das Schreien eines oder beider Babys aufgeboten. Dann mussten die beiden Unruhestifter besänftigt werden. Jetzt galt es, die Kleinen mit Kissen in die richtige Trinkposition zu bringen. Babys und Kleider reinigen, Windeln wechseln und Gutenacht singen gehörten zum Ritual jeder Stillsession. Gut und gerne benötigte Anke für einen Stillvorgang eine volle Stunde, plus eine halbe Stunde, um selbst wieder ein bisschen Schlaf zu finden. Ist es beim Einschlummern morgens um 04.00 Uhr, ist der nächste Schrei nach Milch um 06.10 zu erwarten. Das ganze mal sieben.

Im Schnitt braucht ein Mann, der zur Arbeit fährt, sieben bis acht Stunden ungestörte Nachtruhe, um nachher einigermassen in seinem Job zu funktionieren. Anke kann davon nur träumen. Jede stillende Mutter kann davon nur träumen. Funktionieren muss sie trotzdem.

Zwillinge sind nicht der Normalfall und deshalb drängt sich die Frage auf, wie die Milchproduktion wissen soll, dass für zwei Neugeborene Milch produziert werden muss. Interessanterweise kickt hier das wirtschaftliche Grundprinzip von Angebot und Nachfrage ein. Wird nicht gesaugt, wird nicht produziert. Wird gesaugt, wird produziert. Wird mehr gesaugt, wird mehr produziert. So einfach ist das. Die Saugintensität meldet der Milchfabrik die Nachfragemenge. Wenn genügend Energie, Nahrungszufuhr und Ruhe bei der Zwillingsmama vorhanden ist, funktioniert meist auch die Produktion.

Nicht ganz zwei Prozent aller Geburten sind Mehrfachgeburten, Zwillinge bilden unter den Mehrfachgeburten die klare Mehrheit. Dank den verschiedenen Methoden der künstlichen Befruchtung gibt es immer mehr Geburten von Zwillingen, Drillingen, Vierlingen und so weiter und so fort. Bis zu Achtlingen. Nadya Suleman, genannt Octomom, aus Kalifornien hat damit eine Art Kultstatus erreicht. Auch deshalb, weil sie sich gerne in den Medien sieht und ein ziemlich aufgeregtes illustreres Leben führt.

Fynn und Michel sind zweieiige Zwillinge. Will heissen, dass sie trotz vielen Gemeinsamkeiten auch über ganz verschiedene Charaktereigenschaften verfügen. Laut Anke nimmt Michel seine Tätigkeiten mit viel Fokus in Angriff. Wenn er in einem Tunnel ist und am Ende des Tunnels Licht sieht, gibt es für ihn nur eins. Fokussiert auf das Licht zugehen, ohne sich von links oder rechts ablenken zu lassen. Der etwas verspielte Fynn hingegen wird sich im selben Stollen von Kristallen, Seitentunnels oder von Mädchen, die sich darin verstecken, ablenken lassen und das ferne Licht im Tunnel für einige Zeit ignorieren.

Zweieiige Zwillinge sind wie Geschwister, aber einfach gleich alt. Anfangs ist das alles etwas mühsam, da Mama mehr als zwei Arme und Hände bräuchte. Der Gipfel der unkalkulierbaren Aktivitäten ist im Alter von eineinhalb bis zwei Jahren erreicht. In diesem Alter muss alles Neue nicht nur mit den Augen, sondern auch mit den Händen begutachtet werden. Jeder Stuhl muss erklommen werden. Jeder Hund wird gestreichelt. Jeder am Boden festgeklebte Kaugummi auf seine Geniessbarkeit getestet. Kommt der kreative Fynn im Restaurant auf die Idee, dass die Tischplatte mit zwei Löffeln im Nu zur lauten Trommel mutieren kann, findet das Michel mit seiner Extraenergie eine Hammeridee. Schon bald können sich alle

Restaurantbesucher an einem gut koordinierten Trommelkonzert erfreuen. So treiben sich Fynn und Michel ständig auf neue Höhenflüge.

Hier ein Stressklassiker für jede Zwillingsmutter. Anke ist im Einkaufszentrum. Fynn rennt zur Lifttüre und Michel macht sich gleichzeitig daran, die Rolltreppe zu benutzen. Innert Sekundenbruchteilen muss sich Anke entschliessen, welches Kind zuerst eingesammelt werden muss. Sie ist gezwungen, einen möglichen Unfall von Michel in Kauf zu nehmen, um das Verschwinden von Fynn zu verhindern. Dass ihr Einkaufswagen mit der bereits gekauften Ware und die Tasche mit allem Bargeld, Handy und den Kreditkarten für eine unbestimmte Zeit verwahrlost in der Gegend rumstehen, wird bei einer solchen Rettungsaktion bewusst in Kauf genommen.

Ok, das ist jetzt nur ein theoretisches Schreckenszenario, das so nie stattgefunden hat. Was noch lange nicht heisst, dass es nicht hätte stattfinden können. Sicher ist, dass Zwillinge mehr als die doppelte Aufmerksamkeit einer Mutter beanspruchen.

Spannend bei Zwillingen ist die individuelle Entwicklung. Obwohl Michel und Fynn dieselbe Erziehung erhalten, gedeihen beide sehr unterschiedlich. Ist das nicht ein Beweis dafür, dass Kinder mit ihrem Charakter und ihrem Profil auf die Welt kommen und die Eltern mit ihren Erziehungsmethoden lediglich die Leitplanken setzen können? Michel ist sehr leistungsorientiert, zahlenfixiert und mit mehr Spannung im Körper. Fynn ist kreativer, beschäftigt sich mehr mit seiner sozialen und natürlichen Umwelt und liest gerne.

Gemeinsam (auch im Pack mit der Schwester) haben sie eine grosse Stärke – manchmal mehr als sich die Eltern das wünschen. Beispielsweise haben sie von Zeit zu Zeit die Idee, gemeinsam in einem Zimmer oder im Zelt oder im Boulderraum zu schlafen. *„Na klar, kein Problem, das ist ja schön!"*, entscheiden sich die Eltern. Doch leider bekommen die Kinder in solchen Fällen die Einschlafkurve erst Stunden später als normal. Da hilft die

Aufforderung, dass in 20 Minuten Ruhe herrschen soll, ebenso wenig wie die extra lange Gutenachtgeschichte.

Bei meinem ersten Besuch der Familie von Birckhahn erlebte ich gleich nach meiner Ankunft, wie die drei Kinder zusammen von der Schule nach Hause kamen. Dana, die zwei Jahre jüngere Tochter, trug alle drei Schulsäcke. Die kleine Sherpine tat dies mit einer fröhlichen Mischung von Stolz und Selbstverständlichkeit. Kaum in der Stube angelangt, ging die Twistymania los.

Die Migros hat diese Mania im April 2013 in der Schweiz lanciert und damit voll in die Kinderherzen getroffen. Die Twisties sind modern gestaltete Kreisel und wollen nur das eine. Kreiseln und Pirouetten drehen bis zum Gehtnichtmehr. Sie kommen aus der Galaxie Twistoxia, mit acht Planeten mit Namen wie Blubb, Lav-A bis zu Speedix und Zork. Total sind 48 Twisties zu haben, jeder mit einem eigenen Namen versehen. Babuu, Wushy, Rumbo, Urtok und so weiter und so fort.

Dana, Fynn und Michel kommen in den Besitz von diesen Kreiseln, indem sie Mami davon überzeugen, dass Landi, der Wochenmarkt und Coop für einige Wochen auf den Umsatz der Familie von Birckhahn verzichten müssen. Für jeden Einkauf bei Migros gibt es nämlich diese lebensnotwendigen Twisties. Selbstverständlich wird nicht nur die Spielfreude, sondern auch die Sammelwut gefördert. Es gibt Twistygames, galaktische Hindernisparcours, Twisties on Tour und eine Twistybox mit Sammelalbum. Anke gefällt diese Twistymania. Endlich wieder einmal ein Spiel, das nicht an die Geschicke im Umgang mit einem Joystick appelliert und wenig mit Videogames zu tun hat. Fingerfertigkeit und Kreativität sind gefragt. Da sieht Mami gerne darüber hinweg, dass es Migros gelingt, damit ein bisschen mehr Umsatz zu generieren.

Die sechsjährige Dana übernimmt die Aufgabe, das Haus der Familie von Birckhahn vorzustellen. Sie fängt mit der Gästetoilette an, wohlwissend, dass jeder Gast dieses stille Örtchen früher oder später benötigt. Dann zeigt sie mir den technischen Teil des Hauses, versehen mit Boilern und einer Menge

Instrumente und Uhren. *„Wir heizen das Haus mit Holz, das wir im Wald finden und die Sonne sorgt dafür, dass wir warmes Wasser haben."* Gleich daneben hat es genügend Platz, um ein Sportgeschäft zu eröffnen. In unzähligen Regalen sind sämtliche Sportartikel gelagert, die eine Zehnergruppe von Bergbegeisterten nötig hat. Schlafsäcke, Zelte, Kocher, Schuhe aller Art, Kleider, die auch auf 8000 m Höhe Wärme spenden, Pickel, Steigeisen, Seile, Rucksäcke, Lampen, Klettergurte, Schlingen undsoweiterundsofantastisch. Dana zeigt mir ihren Klettergurt. Selbstverständlich hat sie auch schon einen Klettersteig gemeistert.

Den nächsten Raum darf ich nicht betreten. Dieser Höhepunkt kommt am Schluss der Hausbesichtigung. Wir steigen eine Treppe hoch und gehen direkt Richtung Elternschlafzimmer. Hier finde ich etwas vor, das nur wenig an ein Schlafzimmer erinnert. Seile, Trapez, Leiter, fast keine Möbel, zwei Hängematten, Sitzsäcke, Balanciergerät, ein kleiner Tisch mit Laptop. Zum Bett klettert man die Leiter hoch oder benutzt ein Seil.

Damit meine Gedanken nicht allzu lange auf Abwege geraten, erklärt mir Vater Carsten, was es mit dem Trapez auf sich hat. Er hat eine Vorrichtung erfunden, mit der er den Kindern das Circus-Feeling beibringen kann. Mit diesem Trapez können sie gefahrlos Überschläge üben und den Kopf daran gewöhnen, dass er nicht immer oben sein muss. Die gute Durchblutung des Gehirns ist garantiert. Carstens Erklärungen leuchten mir ein und die Demonstration mit Dana macht alles klar. Trotzdem gehen meine Gedanken wieder auf Abwege. Schliesslich befinde ich mich im Schlafzimmer der Eltern. Die Familie von Birckhahn erinnert mich an Geckos. Klettern ist ihr halbes Leben. Wie ist wohl der Nachwuchs produziert worden? Mit grosser Wahrscheinlichkeit in der Vertikalen. Kann nicht anders sein. Zuhause gehe ich auf YouTube und schau mir das Liebesleben der Geckos an. Richtig, in der Vertikalen, oft mit dem Kopf nach unten und mit viel Gefühl und Leidenschaft.

Dana holt mich wieder in die Gegenwart zurück und zeigt mir die drei Kinderzimmer. Sie sind alle sehr ähnlich in der Grösse. Auch hier ist alles spartanisch eingerichtet. Zum Liegeplatz kommt man nur, indem man drei

Meter hochklettert. Die Wand nach oben ist mit Klettergriffen versehen, an denen sich die Kleinen zum Schlafen hochangeln. Keine Leiter. Die Klettergriffe haben Namen wie Yellowstone, Mega Master, Big Ben, Riesen Riss, Koralle oder zweihöckriges Kamel. Dana zeigt mir, wie schnell sie sich nach oben hangeln kann. Mein erster Versuch scheitert. Ich müsste wohl die Liegematte auf den unteren Boden zügeln, um sicher zu gehen, dass mein 03.50-Uhr-Toilettenstopp nicht mit einem unumgänglichen Crash enden würde.

„Und jetzt zeige ich dir DAS Zimmer unserer Familie!".
Dana rennt voraus. Es geht wieder in den unteren Stock. Was ich hier antreffe, ist kein Zimmer, es ist eine Halle. Geschätzte sechs Meter lang, vier Meter breit und rund fünf Meter hoch. Mit wieder geschätzten eintausend Klettergriffen in allen möglichen Formen und Farben. Gegen oben spitzt sich der Raum pyramidenähnlich zu, damit auch Überhänge und Balkone eingebaut werden konnten. Wie sonst könnte man in den obersten Schwierigkeitsgraden üben. Was so alles möglich ist, zeigen mir Dana und Michel. Michel bewegt sich derart geschickt in der Vertikalen wie auch in der Horizontalen, dass selbst die Geckos grün vor Neid würden. Ich bin clever genug, Michels Aufforderungen, es ihm gleichzutun, nicht nachzukommen. Im Minutentakt ruft mir die energiegeladene Dana von einer anderen, oberen Ecke zu, um sich dann genüsslich auf die weichen Matten herunterfallen zu lassen.

Das Haus lebt unter dem Motto: Luft und Energie – und ich bin mir sicher, dass mir Dana mit ihrer Hausführung die grösste private Kletterhalle der Schweiz gezeigt hat.

Kaum habe ich diese sportliche Demonstration verkraftet, rennen die drei Kinder nach draussen. Dort, wo ein grosses Trampolin steht. Nach einem Sicherheitsnetz rund um das Trampolin suche ich vergebens.

Anke hat dazu eine interessante Erklärung. Wenn wir den Kindern eine neue Sportart beibringen, versuchen wir dies ohne zusätzliche Hilfsmittel zu tun. Also keine Schwimmhilfen wie Schwimmflügel, Aquagürtel oder Schläuche beim ersten Kontakt im kühlen Nass. Das Skifahren erlernen die von Birckhahn-Kinder ohne Leine und Brustgurt. Auch Stützräder beim Meistern des Fahrradfahrens sind verpönt. Die Kinder sollen sich mit den Elementen in ihrer Geschwindigkeit vertraut machen und selber die Grenzen finden oder überschreiten.

Beim Gebrauch des Trampolins gibt es lediglich eine feste Regel. Die Benutzung dieser Sprunghilfe ist zeitgleich nur immer einem Kind erlaubt. Sonst sind Saltos, Überschläge aller Art und in jeder Höhe willkommen. Und die Kinder zeigen mir ein erstaunliches Repertoire. Die Begeisterung für diese herrliche Art zu fliegen wird nur dann etwas gedämpft, wenn Michel das Gefühl hat, Fynn benutze das Trampolin eine Minute länger als abgemacht. Da gibt es mächtig Zoff bei den sonst friedlichen Zwillingen, denn jeder will zeigen, dass er es noch besser kann. Die im August geborenen Löwen brüllen was das Zeug hält und auch Löwin Dana steht kein bisschen hinten an.

Bereits zu diesem Zeitpunkt kam ich zum Schluss, dass diese Familie sportliche Höchstleistung repräsentiert. Aber Fynn und Michel schafften es, noch einen gehörigen Höhepunkt draufzusetzen. Michel zeigte mir seine Pokale. Da sticht die Meister-Urkunde vom St. Galler Turnverband heraus. Michel von Birckhahn, Kantonalmeister 2012 im Kunstturnen. Natürlich in seiner Altersklasse.

Folgerichtig fahren wir, Anke, Fynn, Michel und ich ins Turnsportzentrum Aegeten in Widnau. Ich treffe hier zehn Jungs im Alter von 8-12 an. Dazu zwei Turnlehrer. Was diese Kerle bereits mit ihrem Körper fertigbringen, ist mehr als erstaunlich. Dauerspagat und Handstand kann ich noch beschreiben, für weitere Körperverrenkungen fehlt mir das korrekte Vokabular. Würde ich den Versuch machen, sie zu kopieren, wäre ich im Nu in der nächsten Notfallstation. Geübt und geturnt wird in allen sechs Wettkampfdisziplinen: Boden, Pauschenpferd, Ringe, Sprung, Barren, Reck. Michel und Fynn zeigen nicht nur bewundernswertes Können. Was mich noch mehr beeindruckt, ist ihre Ruhe und Ausdauer. Die heutige Turnsession dauert dreieinhalb Stunden. Richtig: 3 ½ Stunden. Und das viermal die Woche! Und die Zwillinge sind mit Begeisterung am Werk. Warten ungeduldig auf die nächsten

Instruktionen der Trainer. Fast so wie Hunde, die es kaum erwarten können, bis ihr Meister den Ball möglichst weit wegwirft. Die beiden Knirpse wachsen mit einem weit überdurchschnittlichen Körpergefühl auf. So viel ist garantiert sicher.

Bleibt da noch Zeit für die Kopfarbeit in der Schule? Fynn und Michel zeigen unzweideutig auf, dass ihnen der superfitte Körper mehr als genug Energie fürs Erlernen der vielschichtigen Schulfächer gibt. Beide kommen mit überdurchschnittlichen Noten nach Hause. Die Twins scheinen sich gegenseitig hochzupushen. Zwischen dem achten und neunten Lebensjahr sind Fynn und Michel echte Sparringspartner geworden.

In diesem Alter haben sie auch ein gutes Gefühl für die Uhrzeit, Termine und Planung entwickelt. Pünktlichkeit und Zuverlässigkeit sind das positive Resultat dieser Entwicklungsstufe. Körperlich sind die beiden dazu fähig, in Eigenverantwortung alle Sportarten sicher auszuüben. Die schützende Elternhand wird selbst beim Klettern immer weniger eingesetzt. Auch bei Diskussionen beim gemeinsamen Essen sind die zwei bereits ernstzunehmende Gesprächspartner. Ihre Scharfsinnigkeit kann den einen oder anderen Elternteil schon mal in Verlegenheit bringen.

Am Anfang des Kapitels habe ich erwähnt, dass die Zwillinge, zählt man die Embryoreise dazu, bereits dreimal in Patagonien waren. So wie die beiden heranwachsen, werden sich Carsten und Anke dereinst so ihre Gedanken machen. Es ist fast nicht vermeidbar, dass Michel oder Fynn oder beide irgendwann durch spektakuläre Erstbesteigungen in Patagonien oder anderswo Furore machen. Ob Anke und Carsten noch einige schlaflose Nächte bevorstehen?

Beim dritten Besuch am südlichen Zipfel von Amerika hat sich folgende kleine aber vielsagende Geschichte zugetragen. Ein Freund begleitete die Familie auf diese Reise. Damit konnten immer zwei Erwachsene auf Klettertouren gehen. Einmal ging der Freund mit Carsten, das nächste Mal mit Anke in die Berge. Nach rund zehn Tagen forderte der Freund, dass er nun endlich einen Ruhetag einziehen wolle. Anke hatte die einfache Lösung. Am elften

Klettertag würden sich Carsten und Anke eine Tagestour gönnen und der liebe Freund könne sich als Babysitter betätigen. Weil der Freund genügend Zeit hatte, die Energie der Kinderbande zu beobachten, kam er schnell zum Schluss, dass er auf den Ruhetag verzichten müsse. Lieber zehn Stunden klettern als eine Überanstrengung mit dem Job des Kinderhütens riskieren.

Vielsagend. Die Mutter aller Jobs. Die Mutter!

O-TON Mutter Anke

„In einer Familie zu leben ist grossartig und wenn es die eigene ist, noch viel besser! Kinder sind eine so ungeheuer grosse Bereicherung und Erweiterung des eigenen Lebens, dass ich jedem empfehlen kann, dieses grosse Abenteuer/Herausforderung anzugehen.

Wenn Kinder ganz klein sind, brauchen sie sehr viel Aufmerksamkeit, Geduld und Pflege. Die ihnen entgegengebrachte Liebe sollte nie geringer werden. Welche Mutter und welcher Vater kann sich nicht an den ersten Moment erinnern, in dem das neue Wesen wie ein Wunder vor einem liegt und man vor Begeisterung gar nicht mehr aus kann?

Werden die Kinder älter, werden diese grandiosen initialen Glücksgefühle oft überlagert von temporären Problemchen. Bei Kleinkindern sind dies oft Phasen, wenn sie sich beissen, wenn sie sich Spielzeuge wegnehmen, wenn sie trotzen, wenn sie fremdeln...

Doch mit ein wenig Abstand betrachtet sind die eigenen Kinder immer die grösste Aufgabe, die wir im Leben haben. Und diese Aufgabe möchte ich mit viel Liebe und Hingabe immer wieder aufs Neue angehen. Wenn Kinder grösser werden, sind sie Sparringspartner, mit denen man teilen und sich weiterentwickeln kann. Es gibt wenige Menschen, die einem so nah stehen wie die Familie. Über diese Familienrelationen lässt sich viel hinein- und hinausphilosophieren – einerseits sind sie unkompliziert und bemerkenswert tief und bedürfen weniger Worte, andererseits scheinen sie konfliktreich und unlösbar verstrickt. Hier könnte ein ganzes weiteres Kapitel stehen.

Doch Familie ist nicht alles. Jede Person – jede Mutter und jeder Vater – hat auch nach Kindergeburt seine eigene Persönlichkeit, sein eigenes Profil, seine eigenen Wünsche. Hier gilt es, ein für alle Beteiligten funktionierendes System zu bestimmen. Für uns sind die Tage beim Bergsteigen, Klettern und Skifahren Gold wert. Während die Kinder klein sind, ist hier ein Gemeinsames nicht möglich. Je nach Lebensphase muss nach praktikablen Lösungen gesucht werden und das System stets überdacht und gegebenenfalls neu definiert werden.

So haben wir für uns bestimmt, dass wir die Kinder nicht gerne „abstellen" (leider sind die Grosseltern nicht in der Nähe und die supertolle Tagemutter hat die Kids schon ab und zu über Mittag). Und so teilen wir uns unsere individuellen Freizeiten. Carsten geht jedes Jahr mit einem Kletterpartner einen Monat nach Patagonien zum Bergsteigen, ich habe meine Freeride-Tage auf dem Ski. Im Sommer ist mal der eine, mal der andere auf einer Klettertour unterwegs. Inzwischen sind die Kinder schon mit im Powder unterwegs und auch beim Klettern ziehen sie gerne an schweren Griffen. Wir sind im Moment glücklich und wünschen dies Dir, lieber Walti, und auch jedem Leser!"

9- bis 10-jährig: Janet und Mutter Cristina

Die ständigen Gefühle der Sorge um ihre Kinder verlassen eine Mutter nie. Das fängt bei der Schwangerschaft an und hört bis zum Tode nie auf. Bis zu diesem finalen Punkt sorgt sich jede Mutter um ihr Kind. Immer!

Das ABC der Kinderkrankheiten ist fast unendlich. Von A wie Angina, zu B wie Blinddarmentzündung, zu D wie Durchfall, SCH wie Scharlach und Z wie Zahnschmerzen.
Von kleineren und grösseren Unfällen nicht zu sprechen. Sand in den Augen, Zigarettenstummel in der Nase, Bein beim Skateboarden gebrochen, Dreirad ausser Kontrolle, Sturz in ein Brennnesselnest, Wespenattacke, Murmel verschluckt, 220V mit Nagel gefunden, Fenstersicherung geknackt.

Für Kummer ist reichlich gesorgt.

Kommen die Kinder in das schwierige Land der Teenager, geht es mit der Besorgnis erst richtig los. Langsam entzieht sich der Teenager der Kontrolle der Mutter. Drogen, Herzensbrecher, schulische Herausforderungen, Beziehungskonflikte, finanzielle Hürden lauern auf den heranwachsenden Menschen, ohne dass die Mutter viel Einfluss darauf nehmen kann. Sorgen kann sie sich trotzdem jede Menge machen.

Einmal erwachsen ist das Kind total selbstständig und die Mutter verfolgt das weitere Leben des Sprösslings mit viel Freude, Stolz und Begeisterung. Aber auch immer wieder mit viel Sorge. Kummer macht sich jede Mutter. Auch dann, wenn sie im Kinderlotto das grosse Los gezogen hat und das Musterkind der Mama nie einen echten Grund zur Besorgnis gibt. In einem solchen Ausnahmefall macht sich die Mutter bestimmt Sorgen, ob das perfekte Mädchen oder der Vorzeigejunge seine Probleme ihr verheimlicht und gute Miene zum schwierigen Spiel macht.

Eine echte Helikoptermutter schwebt ständig über ihrem Liebling und greift bei jeder imaginärer Gefahrenstufe sofort schützend ein.

Es gibt auch Mütter die keinerlei Anlass haben, irgendwelche Probleme in die Welt zu dichten, damit sie sich auch zu den Kummermüttern zählen können. Zum Beispiel eine Mutter mit gleich zwei Söhnen, die sich dem Motorradrennfahren verschrieben haben. Oder Mütter die ihre Kinder gehegt und gepflegt haben, nur damit genau diese Sprösslinge alle unmöglichen Risiken eingehen um ihre Knochen zu brechen. Vom Basejumper bis zur Freestylerin die sich über jeden sich bietenden Kicker (Schanze auf Altdeutsch) schmeissen muss. Sei es mit dem Motorrad, den Skis oder den Inlineskates.

Antoinette Stoop ist stolze Mutter von drei Söhnen und einer Tochter. Auch bei ihr überwiegen bei Weitem die Glücksgefühle des Mutterseins. Sie ist alles andere als ängstlich. Aber Sorgen gehören auch dazu. Im Jahre 1993 machte Tochter Anita eine Reise bis in den hintersten Amazonas. Das damals gut zwanzigjährige, bildhübsche Mädchen reiste ganz alleine und bewegte sich während Wochen unter Indianern, die vorher noch nie ein weisses Menschenleben gesehen hatten. Ein Glück nur, dass Mutter Antoinette die Reisedetails erst viel später zu hören bekam. Bilder von tödlichen Moskitos, menschenfressenden Indianern, fleischverzehrenden Pflanzen, giftigen Schlangen und Riesenspinnen können auch eine noch so coole Mutter um den wohlverdienten Schlaf bringen.

Ausgerechnet zur selben Zeit entschloss sich Sohn Roman mit dem Fahrrad eine zeitlich und örtlich undefinierte Reise anzutreten. Die Mutter hatte damit gleich zwei aussergewöhnliche Herausforderungen an der Sorgenfront. Da war es nur eine kleine Hilfe, dass ihre beiden anderen Söhne, Bruno und Beat, vorläufig am Standort Innerschweiz festhielten.

Roman radelte nach Bremerhaven, kreuzte den Atlantik mit einem Frachtschiff und wollte von New York Richtung Süden fahren. Irgendwo in den Appalachen zwang ihn die Kälte auf den öffentlichen Verkehr. Er liess den ohnehin schon alten Stahlesel stehen und ging weiter mit dem Bus nach

Mexiko und Guatemala. In Guatemala angelangt kam Roman zum Schluss, dass er nicht nur reisen, sondern auch mit den dort lebenden Leuten verweilen wollte. Auf dem bisherigen Trip besuchte er wohl viele Orte, ohne diese richtig kennenzulernen. Roman war bereit, für eine Änderung des bisherigen Reisestils. Gesagt, getan.

Nach einer stundenlangen sehr holperigen Fahrt auf dem Dach eines Busses kam er in Todos Santos Cuchumatan an. Das Dorf ist am nordwestlichen Ende Guatemalas zu finden, liegt auf 2.500 m Höhe und hat rund 3.000 Einwohner, vornehmlich Indigenes der Mayas. Sie sprechen noch die uralte Sprache *Mam*, eine der vielen verschiedenen Mayasprachen. Sie kleiden sich bis zum heutigen Tag vornehmlich in ihren traditionellen Trachten.

Auch der grösste Teil der Häuser ist traditionell: einräumige Adobebauten (Adobe = sonnengetrocknete Lehmziegel) mit Erdboden und irgendwo ein offenes Feuer im Raum, mit einem Wellblech-, steilen Gras- oder einem Ziegeldach. Alle Häuser mit einer Veranda auf Bodenhöhe, dem *Tuizt be,* der auf alle Seiten offen ist und wo nebst dem dunklen Raum des Hauses das Reich der Frau und der Kinder ist. Dort werden nicht nur die langen Haare gekämmt, da wird geputzt, gewaschen, gezwirnt und gewoben. Es entstehen äusserst kunstvolle und robuste Trachten. Die Kinder spielen mit Murmeln, Steinen oder bauen sich mit der Erde ganze Dorflandschaften. Die schönsten Maiskolben werden zur Dekoration aufgehängt. Falls man das Glück hat, einige Fotos von Familienangehörigen zu besitzen, die in den USA unter schweren Bedingungen und meistens illegal arbeiten, machen diese Bilder den Maiskolben Konkurrenz.

Die katholische Kirche von Todos Santos aus dem 16. Jahrhundert wirkt überdimensional. Die Todos Santeros mussten sie unter Zwang vom spanischen Klerus bauen. Viele Katholiken besuchen nebst der Kirche auch den Schaman, machen mit ihm Riten in den nahen Ruinen oder versteckt in den Bergen, um Entscheidungshilfen anzufordern oder das Glück auf ihre Seite zu bringen.

Internet und Handys gab es 1994 nicht. Es gab aber einen Postschalter. Briefe von Europa nach Todos Santos benötigten etwa einen Monat. Ein dünner Draht zog sich auf krummen Pfosten über die Hochebene bis in die Provinzstadt. Er diente zur Beförderung von Morsekodes. Telegramme senden und erhalten war ein grosser Arbeitsbereich des Pöstlers. Vom ehemaligen Draht, der die Morsezeichen übermittelte, ist eine kleine Keramikisolation am Postgebäude noch sichtbar. Auch der Postbeamte von Todos Santos besitzt heute ein iPhone und benutzt Skype, um mit seiner Freundin in Guatemala City zu flirten. Die alte mechanische Schreibmaschine schmollt in einer verstaubten Ecke vor sich hin.

Todos Santos wurde 1994 unter den Rucksacktouristen als Geheimtipp gehandelt. Natürlich nur für jene, die sich vor einer beschwerlichen und etwas abenteuerlichen Anreise nicht scheuten. Die Ankunft des Buses gehörte zum Tageshöhepunkt des Dorfgeschehens und dementsprechend betätigte der Busfahrer schon weit vor der Einfahrt die Hupe. Es gab Familienangehörigen von Reisenden Zeit, rechtzeitig beim Bus zu sein und beim Abladen der Säcke mitzuhelfen. Ohne Romans Wissen wurde er an der Busstation von seiner zukünftigen Schwiegermutter in Empfang genommen. Mit dem Angebot, doch bei ihr zuhause ein Zimmer zu beziehen. Diesen Vorschlag nahm Roman dankend an.

Obwohl Überfälle selten waren und alles friedlich und ruhig schien, herrschte offiziell noch Bürgerkrieg. So bewachte im Zentrum von Todos Santos die obligatorische Bürgerwehr in ihrer traditionellen Volltracht das Geschehen. Die Uniform bestand aus roten Hosen mit weissen Streifen, schwarzen wollenen knielangen Oberhosen und einem weissen Hemd mit farbigen Streifen und einem prächtigen grossen, buntgewobenen Kragen. Die zehnköpfige Truppe war mit alten Karabinern bewaffnet. Ein wichtiger Dienst dieser Krieger an der Allgemeinheit bestand darin, von einer WC-Rolle sieben bis acht Lagen sorgfältig zu falten und diese an die Benutzer der einzigen öffentlichen Toilette zu verkaufen.

Kaum hatte Roman diese Bürgerwehr passiert und seine wenigen Sachen ausgepackt, rief ihn der Besitzer des Hauses bereits zur ersten Arbeit. Zum

Steine-Sammeln und Mauern-Bauen. Arbeit gab es zuhauf. Autos gab es genau zwei. Roman half einer Freiwilligengruppe, das Fahren mit einer Ambulanz beizubringen und Notfälle zu fahren. Als gelernter Krankenpfleger und mit einem gültigen Schweizer Führerschein war er für diese Aufgabe prädestiniert oder gar überqualifiziert. Da es in Todos Santos keine Möglichkeit gab, irgendwelche Operationen vorzunehmen, musste Roman regelmässig mit dem Ambulanz-Pickup in das drei Stunden entfernte Spital rattern.

Doch nicht bei allen Fahrten war die Reise bis zur Stadt nötig. Höchste Eile war bei einer Geburt trotz Holperstrasse geboten. Schon bei der Dorfausfahrt zeigte der Neuankömmling einen Fuss, nach fünf Minuten kam ein Knie zum Vorschein und kurz darauf der zweite Fuss. Die Ambulanzfahrt kam zu einem abrupten Ende.
Geburtshelferkenntnisse gehörten nicht zum Krankenpflegerberuf. Roman kam gehörig ins Schwitzen. Eine geburtserfahrene Mutter und eine Pickup-Ambulanz in Schieflage ermöglichten es dem Baby, fast wie von selbst in die Welt zu rutschen. Mit einem Schrei (wie auf Rutschbahnen üblich) holte sich das übereilige neue Leben die dringend notwendige Luft und verlangte zugleich ein schnelles Abnabeln von seiner Mama. Roman bestand in diesem Moment die Praxisprüfung als Hebamme.

Im Dorf waren *die Médecins sans frontières* tätig. Die Ärzte ohne Grenzen hatten dort verschiedene Hilfsprogramme organisiert. Unter anderem die medizinische Hilfe zur Selbsthilfe. Auch da kamen Romans pflegerische Kenntnisse zum Tragen. Nach einem Schnellkurs für Tropenmedizin in Belgien war er bereit, den Einwohnern von Todos Santos die wichtigsten Gesundheits-und Hygienetipps zu vermitteln.

Inklusive Bauanleitung für Trockendüngertoiletten. Die klassischen Toilettensysteme wie wir sie in Europa kennen sind in Ländern mit etwas weniger Infrastruktur nur schwierig einsetzbar. Wir brauchen dazu viel, zu viel, Wasser und der Bau von aufwendigen Kanalisationen ist unabdingbar. Rund zwanzig Prozent der Weltbevölkerung hat keinen Zugang zu Trinkwasser und eine moderne Abwasserbehandlung kennt nur rund die

Hälfte der Menschen. Die Trockendüngertoiletten benötigen kein Wasser und der Bau von teuren Kanälen ist überflüssig.

Roman war ein vielbeschäftigter Mann. Da immer mehr Touristen den Weg nach Todos Santos fanden, beteiligte er sich am Bau eines kleinen B&B-Hauses und wurde zum beliebten Reiseleiter. Trotz der vielen Arbeit hatte er genügend Zeit, sich ein hübsches Mädchen anzulachen. Cristina Pablo Mendoza. Die Tochter der Frau, die ihn an der Bushaltestelle bei seiner ersten Ankunft in Todos Santos begrüsste.

Cristina war zu dieser Zeit nur an Wochenenden in Todos Santos. Fünf Holperautostunden entfernt besuchte sie eine Schule, um Lehrerin zu werden. Roman einigte sich mit der zukünftigen Schwiegermutter, dass es für ihn unabdingbar sei, die Mayasprache *Mam* zu erlernen. Obwohl er mit seinen guten Spanischkenntnissen mit den Leuten im Dorf prima kommunizieren konnte, war der Wunsch, auch *Mam* sprechen zu können, ein listiger Grund, die angehende Lehrerin näher kennenzulernen. Die Wochenenden waren somit mit ernsthaften *Mam*-Lektionen mit der hübschen Cristina verplant.

Mam (nicht nur Mam, generell Mayasprachen) wird vor allem in den ländlichen Gegenden von Südmexiko, Guatemala, Belize und Honduras gesprochen. Insgesamt zählt man 69 verschiedene Dialekte. Von einem Tal zum anderen kann es sein, dass die Einheimischen auf Spanisch wechseln müssen, um einander verstehen zu können. Ich stelle mir das etwa so vor, wie ein Ostfriese sich mit einem Berner verständigen möchte. Das sogenannte Hochdeutsch muss in einem solchen Fall dazu herhalten, dass die beiden sprachlich weiterkommen und das wilde Gestikulieren ein Ende hat.

Roman kam mit Cristinas Mam-Unterweisungen nicht richtig in die Gänge. Umso erfolgreicher war er mit seinen Balzbemühungen. Schon bald zeigte auch Cristina Interesse am illustren Schweizer. Und es kam, wie es kommen musste.

Allerdings tickten die Uhren in Todos Santos nicht viel schneller als in der langsamen Schweiz. Erst 1996, drei Jahre nach Romans Ankunft in Todos Santos, war es soweit, dass Cristina und Roman offiziell gepaart wurden. Die Tradition will es, dass die ganze Familie des Mannes zur Sippe der zukünftigen Braut geht. Mit viel Alkohol bewaffnet. Dort wird um das Mädchen geworben, indem man während Tagen feiert und sich gegenseitig näher kennenlernt. Sind sich beide Familiensippen einig, wird schon bald geheiratet.

Romans Familiensippe war in dieser wichtigen Zeit weit entfernt in der Schweiz und er musste die Umwerbung von Cristina ganz alleine und ohne jede eigene Familienhilfe durchführen. Sein grosses Glück war die Tatsache, dass Cristinas Sippe eine sehr liberale Einstellung zu dieser äusserst seltenen Art der Mannesinfiltration hatte. Da weiss ich von weit weniger toleranten Geschichten, die sich noch heute in der Schweiz abspielen. Religion und Rassismus lassen grüssen.

Aus Cristina wurde Cristina Pablo Mendoza de Stoop.

Die offizielle Heirat vollzog sich völlig unromantisch. Die Legalisierung der Heirat, mit all den nötigen Papieren und Übersetzungen, zog sich monatelang dahin. Zum Glück war keine Eile angesagt. Nach zahlreichen Erkundigungen auf der Gemeinde wurde plötzlich gesagt, nun sei alles komplett. Für zehn Minuten aus dem Alltagstrott gerissen war es eine Unterschrift und ein *„ja"* von beiden, das zur offiziellen Heirat führte. Ein zufällig anwesender Gemeindearbeiter unterschrieb als Zeuge. Auf eine kirchliche Heirat wurde verzichtet. Die meisten Mayas feiern die Hochzeit bei einem traditionellen Familienessen.
Dieses Essen zwischen den beiden Familien fand zwei Jahre später bei einem Besuch von Romans Eltern in Todos Santos statt. Nun wurden die Schwiegereltern untereinander offiziell *compadres*.

Cristina lebte während dem Tag meistens im Dorfladen *Tienda de Ropa Tipica Grupo de Mujeres*. Dort werden vorwiegend von den Frauen im Dorf gewobene Kleidungsstücke verkauft. Von der Hose, zum Hemd, zum Schal bis zur Tasche und Mütze. Die Einheimischen tragen diese Trachten nicht nur an Festivitäten, sondern auch im Alltag. T-Shirts mit dem Aufdruck „*I love Todos Santos*" sind, oh grosses Glück, in diesem Laden nicht zu finden.

Cristina und Roman waren bereit, eine richtige Familie zu werden. Als Einkommensquelle dienten vor allem die Tätigkeiten von Cristina als Laden- und Hotelmanagerin, Weberin und Köchin.
Romans vielseitige Jobs als Bauer, Ambulanzfahrer, Maurer, Krankenpfleger und Toilettenbauer erwirtschafteten da einen Gratiskaffee und dort eine gespendete Tortilla. Echtes Geld verdiente er sich vor allem als Touristenführer. Die Geburt der ersten Tochter Carolina erfolgte 1997 und Janet vergrösserte die Familie Pablo Mendoza de Stoop im Jahre 2003.

Mehr als 95% der Geburten in Todos Santos finden zuhause statt. Nur in absoluten Notfällen kommt der Ambulanzfahrer Roman zum Einsatz. Janet wollte zu den fünf Prozent gehören. Dies garantierte ihr eine abenteuerliche Holperfahrt ins drei Stunden entfernte Privatspital und die uneingeschränkte Aufmerksamkeit ihrer Eltern. Kaiserschnitt erschien ihr zudem eine akzeptablere Variante auf die Welt zu kommen, als sich stundenlang unter grössten Schmerzen an die frische Luft zu zwängen. Vierundzwanzig Stunden später und tausend Franken leichter machte sich die überglückliche Familie auf den Weg nach Hause. Die Reise wurde von einem Berglauf unterbrochen. Als würden die Holperstunden in einem Pickup nicht genug Schmerzen produzieren. Zusätzliche eineinhalb Stunden in der heissen Sonne warten war angesagt. Eine Mutter kann auch das und der Anblick von Janet liess alles andere vergessen. Dann ratterten sie weiter Richtung Todos Santos.

Die Geburt eines Kindes zieht in den Bergregionen Guatemalas die ganze Familiensippe in den Bann. Grossmutter und Urgrossmutter übernehmen das Kommando. Während einem vollen Maya-Monat, das sind zwanzig Tage, nach der Geburt hatte Cristina Zeit, sich von den Geburtsstrapazen zu erholen und sich voll auf ihre Genesung zu konzentrieren. Die Sippe sorgte dafür, dass die junge Familie bestens versorgt wurde. Janet wurde von der Dorfhebamme einmal pro Tag in die aus Stein gebaute Sauna genommen, dort gewaschen, gepflegt und gewickelt.

Der Name des Kindes wird vor der Geburt nicht diskutiert. Erst nachdem feststeht, ob es ein Mädchen oder ein Junge ist, beteiligt sich die ganze Familie an der Suche nach einem geeigneten Namen. Im Falle von Carolina einigte sich Cristinas Familiensippe auf den wohlklingenden Namen Carmelina. Weil die Grossmutter sich diesen Namen partout nicht merken konnte und dem kleinen Mädchen immer Carolina sagte, entschied man sich für letzteren.   Bei Janet, die sechs Jahre später auf die Welt kam, fand die Grossmutter keine Verwechslungsmöglichkeiten.

Die ersten beiden Jahre genoss Janet sehr oft auf dem Rücken eines fraulichen Wesens. Um das Recht, die kleine Süsse in einem Tuch gewickelt rumtragen zu dürfen, kämpften die Mutter, Grossmutter, Urgrossmutter und auch die erst siebenjährige Carolina. Janet war immer hautnah dabei, wenn es ums Kochen, Putzen, Weben und Waschen ging. Sie sah auch, wie im Garten gearbeitet und wie ein Feuer entfacht und unterhalten wurde. Die Sprache lernte sie nicht nur über ihre Ohren, sondern auch über die Vibrationen von Körper zu Körper. Mam, Spanisch und auch Schweizerdeutsch.

Bei so viel Körperkontakt und Anteilnahme war es nie nötig, eine Kinderkrippe zu finden. Die Familie ist die Kinderkrippe in Todos Santos. Spielen und Arbeiten gehen Hand in Hand. Statt einer Kinderküche mit Plastikgeschirr wird mit richtigem Feuer und echten Tassen und Tellern gearbeitet. Statt Puppen hat man kleine reale Babys zu betreuen. Statt mit Kunststofftraktoren zu spielen, kommt eine richtige Axt zum Einsatz. Das Business mit Spielzeug und Puppen hält sich in ganz engen Grenzen. Barbie hat noch keinen Einzug in Todos Santos gehalten.

Carolina und Janet wuchsen in Todos Santos als spezielle Kinder auf. Ihre hellere Hautfarbe machte sofort klar, dass hier ein Fremdeinfluss im Spiel war. Sie konnten auch als einzige verschiedene Sprachen sprechen. Gerade wegen der Hautfarbe wurde Cristina manchmal von den Einheimischen angesprochen: *„Wem gehören diese Kinder? Warum sind sie so weiss? Wie hast du dir diesen Gringo geschnappt? Wo hast du ihn getroffen? Was kann* *denn dein Mann essen?"*. Da waren sicherlich noch indiskretere Erkundigungen dabei, aber Cristina fand immer einen Weg, all die Fragerei zur Zufriedenheit der Wundernasen zu beantworten.

Sie waren die einzigen Kinder, die nicht nur das Dorf verlassen konnten, sondern auch Reisen in weite Fernen mit dem Flugzeug unternahmen. Roman erinnert sich speziell an die erste Reise mit seiner Frau in die Schweiz. Irgendwie hatte er von Cristina grössere Begeisterung für die landschaftlichen Höhepunkte der Schweiz erwartet. Stattdessen nahm sie diese Schönheiten mit ziemlicher Zurückhaltung zur Kenntnis. Sie liess vernehmen, dass sie diese Bilder von Bergen, Seen, Kühen, Alpen und Schokolade ja schon auf Videos in Guatemala zu Genüge gesehen habe. Erst nach weiteren Besuchen in der Schweiz kam bei Cristina viel mehr Freude und Offenheit auf. Die Erklärung fand Roman in der Tatsache, dass seine Frau zuerst den Zugang zur Stoop-Sippe finden musste. Als Cristina realisierte, dass die Familie sie voll akzeptierte und in ihr Herz einschloss, konnte sie sich erst richtig öffnen und die Schweiz gebührend geniessen.

2010, nach siebzehn Jahren in Todos Santos, kam Roman mit seiner Familie an einen Wendepunkt. Inzwischen hatte er in diesem Dorf sehr viel erreicht. Ein Haus im gewünschten Zustand, ein Einkommen ohne grosse finanzielle Sorgen. Durchschnittlich hundert Franken im Monat reichten in Todos Santos aus. Das Essen kam vom eigenen Land direkt auf den Tisch, Steuern gab es keine zu bezahlen, Versicherungen ein Fremdwort, keine Schulgelder. Moment… Keine Steuern, keine Versicherung, kein Schulgeld?

Wer bezahlt die Infrastruktur? Ok, es gibt eine Mehrwertsteuer von acht Prozent. Die zieht Guatemala City ein und bezahlt die Lehrer in Todos Santos. Braucht es ein Schulhaus oder muss eine Strasse saniert oder ein Abflussrohr verlängert werden, krempelt die Bevölkerung die Hemdsärmel hoch und legt im Frondienst Hand an. Beteiligt sich eine Familie nicht an dieser Gemeinschaftsarbeit, zahlt sie in die Gemeindekasse. Das Wort Versicherung kennt man tatsächlich nicht. Bei uns so unvorstellbar wie eine Autobahn ohne Stau oder ein Kind im Auto ohne Kindersitz oder eine Regierung, die einen ganzen Tag lang kein neues Gesetz erlässt.

Ja, es liess sich richtig gut leben in Todos Santos. Viele gute Gründe, weitere siebzehn Jahre in dieser wunderbaren Natur und mit diesen feinen Menschen zu verbringen.

Und doch. Tochter Carolina war seit einem Jahr in Guatemala City in einer Privatschule und bei einer deutschen Familie zuhause. Diese Betreuerfamilie musste weiterziehen und es stellte sich die Frage, wie es mit Carolina weitergehen sollte. Nach vielen Überlegungen und Diskussionen, speziell die schulische Ausbildung beider Mädchen betreffend, entschloss sich die Familie, den grossen Schritt vom ruhigen, langsamer drehenden Todos Santos in das eher hektische Leben der Schweiz zu wagen.

Inzwischen leben die Pablo Mendoza de Stoops bereits seit gut zwei Jahren in der Schweiz. Carolina fand sich in der Schule ohne Probleme zurecht, Roman arbeitet als Krankenpfleger.
Cristina fand einen Job bei einem Herzklappenhersteller. Gegenwärtig besucht sie einen speziell für fremdsprachige Ausländer ausgelegten Pflegerinnenkurs. Mama Cristinas Tag fängt gewöhnlich um 06.00 Uhr an. Um 07.00 Uhr ist sie bereits am Herzklappennähen und kommt am Nachmittag früh genug nach Hause, um Janet zu begrüssen.

Janet, die in einem halben Jahr zehn Jahre alt wird, geht in die dritte Klasse. Bei unserem ersten Treffen bei ihr zuhause fand sie eine herrliche Art, mein Herz zu erobern. Ganz spontan schätzte sie mich neunundvierzig Jahre alt und fand ganz viele Haare auf meinem Kahlkopf. Als Rentner, der gegen die siebzig Jahre zugeht und sich seinen Runzeln ebenso bewusst ist wie seiner fast spiegelglatten Glatze, ist das mehr als Balsam auf das ramponierte Selbstbewusstsein. Janet scheint eine wichtige menschliche Eigenschaft instinktiv bis zur Perfektion zu beherrschen. Ein Kompliment, auch wenn ziemlich dick aufgetragen, ist immer wohltuend, gibt gute Laune, schafft eine positive Atmosphäre und stellt jedes noch so teure Geschenk in den Schatten. Zeitgeistig ausgedrückt verfügt Janet bereits jetzt über eine überdurchschnittliche soziale Kompetenz. Ein Attribut, das für ihren weiteren Lebensweg nur positive Seiten haben kann.

Janet hat sich in den bald drei Jahren ohne Probleme in der Schweiz eingelebt. Ich fragte sie danach, was sie alles gerne macht oder hat und was eher die Minuspunkte in ihrem bald zehnjährigen Leben darstellen. Janets Antworten waren wenig verblüffend und entsprechen wohl der klaren Mehrheit der Kinder in ihrem Alter.

+++ *Fernsehen, speziell 20.15-Freitagsfilm; mit Kolleginnen abmachen und mit diesen zusammen übernachten; Mango, Ananas, Nutella und Geburtstag. Mit Meersäuli spielen, Mathematik („ich bin echt stark im Blitzrechnen"), Plüschtiere, Englisch, Singen, Pommes Frites, Chips, Libellen und andere Käfer. „Ich liebe Delphine!".*

--- *Aufräumen, aufräumen und aufräumen. Abtrocknen, WC reinigen. Den Stall vom Meersäuli putzen. Streit. Am Morgen aufstehen. Tomaten, Zwiebeln und Knoblauch... Ach ja, auch Suppen mag ich nicht. Schlangen, Spinnen und andere Insekten. Algen.*

So sehen also die Ups und Downs von einem bald zehnjährigen Mädchen aus. Dass sie seit ein paar Tagen ihren Hausschlüssel sucht, überrascht nicht. Ich tröste sie damit, dass sich diese Suche in ihren nächsten hundert Jahren immer mal wiederholen wird. Da ich auf relativ viel Sucherfahrung zurückblicken kann, beteilige ich mich an Janets Schlüsseljagd und schon bald sind wir fündig. Der Schlüssel liegt genau dort, wo Janet ihn zuletzt hingelegt hat. Was für ein Wunder.

Da ich Janet an einem besonders heissen Tag besuchte, lud ich sie zum Schwimmen im See und einer Glace ein. Sie ist eine echte Wasserratte und jedes noch so kurze oder lange Rennen verlor ich um Längen. Janet beobachtete ein Bucheli (Blässhuhn) auf einem Bootssteg. Dort hatten sich die werdenden Eltern ein hübsches Nest gebaut und sieben Eier versprachen üppigen Nachwuchs. Mama sass geduldig auf ihrem Schatz, schnappte aber immer wieder mit dem Schnabel in der Luft herum. Janet kam zum Schluss, dass die Wasservogelmutter wohl Durst hatte. Sie nahm ihre Taucherbrille und füllte sie mit Wasser. Sie wollte nun der Vogelmama klar machen, dass ihre Chance zum Durstlöschen gekommen sei. Das gute Tier zeigte wenig Dankbarkeit und pickte mit ihrem scharfen Schnabel auf die Brille, lauthals unterstützt von ihrem heranschwimmenden Partner. Die Brille machte sich selbstständig, plumpste ins Wasser und versank im metertiefen Wasser. Nach einer längeren Taucherbrille-Rettungsübung gelang es uns, das bereits verloren geglaubte Ding an die Oberfläche zu bringen. Beim nachträglichen Glaceverzehr kamen Janet und ich zum Schluss, dass nicht jede gute Tat verstanden wird. Das Bucheli hätte unser Vanilleeis sicherlich mit mehr Enthusiasmus in Empfang genommen. Wir waren nicht bereit, diese Theorie auszutesten. Janet war wohl bereit für weitere gute Taten. Die Glace schmeckte aber schlicht zu gut, als dass sie diese feine Kost einem weiteren Bucheli-Missverständnis opfern wollte.

In diesem Kapitel habe ich ungewöhnlich häufig die Rolle des Vaters angeschnitten. Aus zwei Gründen:
Zum Ersten fand ich es faszinierend, welch meilenweite und unkonventionelle Wege manchmal zum Ziel führen, um die Seelenfreundin des Lebens zu finden.
Zum Zweiten wollte ich in einem Buch, das vor allem der Mutter und ihrem Kind gewidmet ist, nicht unerwähnt lassen, dass auch die Väter ihre Rolle im Haushalt und in der Erziehung der Kinder immer intensiver wahrnehmen. Dies trifft nicht nur für Roman zu, sondern auch für alle Väter, die in diesem Buch vorkommen. Da hat sich seit meiner Vätergeneration überraschend viel getan.

Der Vater der 50er-Jahre war noch ein waschechter Patriarch. DAS Familienoberhaupt. Mit aller Macht. Die Mutter konnte in gewissen Bereichen auch zum Ziel kommen, allerdings nur, wenn sie listig manipulierte. In den 70er-Jahren, also in meiner Vatergeneration, bröckelte der Patriarch schon langsam vom Podest. Aber die Rollen des Brotverdieners und der Haushaltmanagerin waren immer noch einigermassen klar verteilt.

Nicht so heute. Väter sind sich ihrer Rolle im Hause bewusster geworden.

Der anspruchsvolle Mutterjob wird aber weiterhin unterschätzt. Selbstverständlich nicht von den Vätern, die in diesem Buch erwähnt sind. ☺

Etwas ist über die Generationen hinaus konstant geblieben. Die Mutter sorgt sich. So auch Cristina. Ihre allergrösste Sorge ist sie allerdings bereits los. Wie würden ihre beiden Töchter den Umzug von Todos Santos in die Schweiz verkraften? Die beiden Kinder haben das locker geschafft. Sie fühlen sich in der Schweiz derart gut integriert, dass sich Cristina bereits Sorgen macht, ob ihre Sprösslinge die guatemaltekischen Wurzeln verlieren könnten.

Die Mutter von Roman, Mutter Antoinette, ist sichtlich froh, dass all ihre Kinder wieder heil in die Schweiz zurückgekommen sind.
Vielleicht singt sie manchmal leise vor sich hin:

„Die Schuhe trägt er in der Hand
Damit er keinen stört
Und schleicht sich durch das ganze Haus
Dass Mutter ihn nicht hört
Vorbei ist diese Nacht der Angst
Das Glück kehrt in ihr ein
Sie dankt dem lieben Gott dafür
Ihr Bub er ist daheim

Und sie hört in der Nacht
Wie der Wind zu ihr sagt:
Schlaf nun Mütterlein, mach die Augen zu
Doch sie fleht in die Nacht:
Lieber Wind lass mein Kind
Nie mehr fortgeh'n, erst dann komm ich zu Ruh!
Und zufrieden macht sie die Augen zu."

„Muttersorgen"
Von den Kastelruther Spatzen.

O-Ton Vater Roman

„Ich gehöre zu den glücklichen Vätern, die sich während der ganzen Kindheit viel Zeit für die Kinder nehmen konnten und können. So erzählt mir Janet, was ihr so Lustiges passiert ist am Tag und wieso sie traurig ist oder über jemand sauer ist.

Obwohl auch mal ein Schimpfen nötig ist, verstehen wir uns bestens. ...und trotzdem ist da noch etwas, ein gewisses Feingefühl, ein Spüren und Verstehen, das Janet nur bei Cristina finden kann. Mami ist und bleibt halt unersetzlich!"

10- bis 11-jährig: Enea und Mutter Regula

Der heute gut zehnjährige Enea erhielt seinen Namen, wie es sich gehört, von seinen Eltern Regula und Hampi (getaufter Hanspeter). Laut Regula sollte der Name kurz sein und nicht den modischen Trends nachrennen. Kurzer Vorname deshalb, weil Enea mit Krähenbühl bereits mit einem silbenreichen Familiennamen zu leben hat. Untrendig deswegen, weil den Krähenbühls alles zugesprochen werden kann, aber sicher nicht, dass sie sich allen gängigen Konventionen unterwerfen. Die Krähenbühls schwimmen nicht unbedingt gegen den Strom, aber sie wählen mit Vorliebe Gewässer, die ihre eigenen Wege gehen. Konformität ist nicht ihr Ding.

Der Name Enea bot sich da als passende Lösung an. Stöbert man im Telefonbuch von www.search.ch, so findet man unter der Eingabe *Peter* 70.252 Einträge in der Schweiz, unter *Krähenbühl* deren 1784, unter *Enea* nur noch deren 151 und unter *Enea Krähenbühl* bis zum heutigen Tage einen Nulleintrag. Google findet weltweit immerhin einen Vermerk: Enea Krähenbühl… der Junge von Regula und Hampi.

Den Ursprung des Namens Enea ist zwischen Griechenland und Italien zu finden. Die Zahl *neun* wird auf Griechisch *enea* ausgesprochen und der wohl prominenteste Enea wurde 1458 zum Papst Pius II gewählt. Mit Enea Krähenbühl ist ein zweiter glanzvoller Enea in den Startlöchern. Schliesslich bedeutet Enea *der Lobenswerte, der Gepriesene* …und sie haben es erraten: *der Ruhmreiche*. Nach rund 555 Jahren ist es ja auch an der Zeit, dass wieder einmal ein Enea für Schlagzeilen sorgt.

Über Vornamen gibt es viel zu erzählen und das Interesse an diesem Thema ist riesengross. Schliesslich handelt es sich bei der Namensgebung eines Kindes um einen lebenslang gültigen Entscheid. Dass viele Eltern diese Aufgabe wirklich ernst nehmen, beweist unter anderem das Bundesamt für Statistik. Sie haben am 12.3.2013 um 09.15 Uhr ein interaktives Tool für Vornamen in der Schweiz aufgeschaltet. Innerhalb eines Tages brach dieses fortschrittliche Nachschlagewerk wegen zu hoher Nachfrage zusammen und so steht heute, am 15.3.2013, beim Anklicken dieser Webseite: *„Momentan nicht verfügbar".*

Dafür weiss das Bundesamt für Statistik, dass 2011 *Leon* die Knabenvornamen-Hitparade anführt, gefolgt von *Noah* und *Luca. Enea* findet man nicht unter den Top 100. Bei den Mädchen sind gegenwärtig *Mia, Lena* und *Elena* die meist genannten.

In unserem elektronischen Zeitalter sollte es ein Leichtes sein, einen besonderen Vornamen zu finden. Es gibt Webseiten, die sich voll diesem einen Thema widmen und mit hunderttausenden Namen potenzielle Eltern verwirren. Bei der Qual der Wahl gibt es eine grosse Masse, die sich nach den gerade gängigsten Namen orientieren. Auf der anderen Seite des Spektrums gibt es die Trendsetter, die nach Neuem suchen. Es ist vielleicht schon bald wieder an der Zeit, dass *Josef* und *Maria, Hans* und *Elisabeth* von den Suchenden neu entdeckt werden. Auch der Name *Adolf* wird vielleicht irgendwann wieder soweit sein, dass er keine schrecklichen Erinnerungen mehr weckt.

Wie es sich für die Krähenbühls gehört, verlief auch die Geburt von Enea nicht unbedingt nach dem gewöhnlichen Muster. Vor dem 2. Weltkrieg wurden Hausgeburten als völlig normal betrachtet. Dank der stetig wachsenden Spitaldichte stiegen die Geburten in Kliniken rasant an und heute kommen weit über 90 Prozent der Kinder in Spitälern oder speziellen Geburtskliniken zur Welt. Enea verliess die Gebärmutter zuhause in einem Geburtspool. Davon können nur die wenigsten Kinder erzählen. Mutter Regula schaffte es, auf diese seltene Art Kinder auf die Welt zu bringen, bei allen drei Geburten. Enea und die beiden Mädchen Nuria und Zoe fanden den Weg auf diese Erde auf eine ganz natürliche und trotzdem sehr exklusive Art.

Inzwischen ist Enea schon über zehnjährig und besucht die vierte Primarklasse. Seine gegenwärtigen Interessen sind vielschichtig. Ausser dem Schulbesuch und den zum Teil nervigen Hausaufgaben betätigt er sich als Jungimker, zeichnet komplizierte Land- und Forstmaschinen, übt mit der Viola, liest *Nick ist wieder da* von *Goscinny Sempé*, spielt und zankt mit seinen zwei kleinen Schwestern und träumt davon, ein erfolgreicher Orientierungsläufer zu werden. In diesem Alter läuft Enea, ohne es zu wissen, mit kleinen Schritten in Richtung Erwachsenenwelt. Ein Orientierungslauf der besonders anspruchsvollen Art, den alle Kinder auf dem Weg zum Teenager durchlaufen müssen.

Selber machen. Möglichst alles selber machen. Selbstständigkeit ist angesagt. Enea möchte in seiner Selbstständigkeit und mit seinen Ideen auch ernstgenommen werden. Beim Gestalten mit Holz kennt sein Ideenreichtum fast keine Grenzen und auch in der Küche beweist er sich als sehr kreativ. In Diskussionen drückt er sich klar und deutlich aus, lässt nicht locker, wenn er seine Meinung vertritt oder etwas durchsetzen will.

Für die Schule bereitet er sich völlig selbstständig vor, weiss auch immer, was er zur Schule mitnehmen muss und was er nach Hause zurückbringen soll. Die Kleider wählt er selber aus und seine Eltern erfreut er dadurch, dass er ein richtiger Krähenbühl ist. Will heissen, dass er dem Zwang der coolen Marken widersteht. Er trägt, was sein Kleiderschrank hergibt und dieser wurde vornehmlich von Mutter Regula gefüllt. Falls es der Zufall will, dass Regula mal eine trendige Schuhmarke für Enea eingekauft hat, zeigt er seine Freude über diesen gelungen Einkauf jedoch unverhohlen.

Soeben hat sich Enea vom Playmobil verabschiedet und überlässt diese Spielsachen ganz grosszügig seinen beiden jüngeren Schwestern. Auch mit Lego spielt er immer seltener. Gegenwärtig hat sich sein Interesse ganz stark Richtung bworld und ROADMAX der Firma BRUDER verlagert. Da gibt es tatsächlich alles, was das Enea-Herz höher schlagen lässt. Figuren, Werkzeuge, Maschinen und Fahrzeuge für Forst, Bau und Landwirtschaft werden in grosser Vielfalt angeboten.

Im Forstwirtschaftsset gibt es einen Holzfäller, der tadellos ausgerüstet ist. Da fehlt weder ein Helm mit Schutzvisier, noch die Warnweste, inklusive dunkle Stiefel, Gehörschutz und Handschuhe für das ganz Grobe. Der Mann hat dreidimensional bewegliche Gliedmassen und die Hände können Gegenstände greifen oder sich an Fahrzeugen festhalten. Die Figurenserie besteht aus einer (politisch korrekt) Frau und einem Mann. Selbstverständlich sind in diesem Set eine Axt, Kettensäge, Benzinkanister und die entsprechenden Baumstämme und Hölzer inbegriffen.

Mit den Maschinen geht es so richtig los. Von John Deere-Forsttraktoren zu Steyr-Holzgreifer mit Holztransportanhänger bis zu allen möglichen Ersatzteilen kann man alles bei BRUDER posten. Bei der Markenwahl hat Enea keine Qual. Es muss ein bulliger Steyr-Traktor sein. Sein Grossvater, der Landwirt ist, schwört auf Steyr und sah nie einen Grund, dieser robusten österreichischen Marke untreu zu werden. Enea zeichnet mit grosser Vorliebe ganz kompliziert anmutende Fahrzeug-Maschinen-Kombinationen. Er zeigte mir unter vielen anderen fantastischen Zeichnungen eine Schneefräse mit Seilwinde und mit einem integrierten Mistgabelkranen, in dem man auch noch komfortabel wohnen kann. Das maschinelle Ungetüm trägt, wie könnte es anders sein, die Marke Steyr. Gut vorstellbar, dass Enea dereinst bei Steyr als Chefingenieur angeheuert wird.

Bevor es soweit ist, will Enea sich jetzt mit dem Forstwirtschaftsset warmlaufen. Die Firma BRUDER erklärt uns auch, warum ein solches Set für Kinder sinnvoll ist:

„Woher kommt das Brennholz für den kuschelig warmen Kamin oder Kachelofen im Wohnzimmer? Mit dem Forstset können die einzelnen Schritte vom gefällten Baum bis zum Brennholzscheit spielerisch nachvollzogen werden. Aus den großen Baumabschnitten werden mit Hilfe der Kettensäge kleinere Abschnitte geschnitten, die sich dann mit dem Holzspalter in handlichere Scheite weiterverarbeiten lassen. Natürlich ist hier auch noch Muskelkraft gefragt. Nicht alles lässt sich mit der Kettensäge erledigen. Für diese Arbeiten sind die Axt und Handsäge gedacht. Der Arbeitsschutz steht in der Forstwirtschaft immer im Vordergrund. Deshalb ist auch die Spielfigur mit einer Schutzweste und Helm mit Visier ausgerüstet. Die Arbeitsgeräte können die Figuren dank ihrer Greifhände sicher halten."

BRUDER will nicht nur sinnvolle Spielzeuge verkaufen und Gewinne erzielen. Sie will die Jugend auch ökologisch sensibilisieren:

„Aufgrund des weltweit drastisch steigenden Energieverbrauchs gewinnen aus ökologischen Gründen insbesondere erneuerbare Energien stark an Bedeutung. Das aus der Forstwirtschaft gewonnene Holz gehört zu den effizientesten Bioenergiequellen überhaupt. Somit kann jeder kleine Forstwirt beim Nachspielen der typischen Waldarbeits-Szenen mit den funktionellen BRUDER Fahrzeugen und Figuren stolz auf sein Mitwirken sein."

Dass die Produkte aus Plastik produziert sind, sei hier nur am Rande erwähnt. Dass das gelieferte Holz auch aus Kunststoff sein soll, ist sicherlich nur ein böses Gerücht.

Es gilt als erwiesen, dass Eneas Bratsche aus echtem edlem Holz gefertigt ist. Gestartet hat Enea seine Musikkarriere mit einer Violine, aber schon bald fand er mehr Gefallen an der Viola. Seinen Ohren war die E-Saite der Violine zu viel der schrillen Töne. Der etwas herbere, sprich tiefere, Klang der Bratsche entsprach viel mehr den Vorstellungen seiner Horcher. Typisch Krähenbühl. Ganz intuitiv ist seine Wahl nicht auf das wohl vornehmste Saiteninstrument gefallen. Die Bratsche nimmt im Orchester einen unauffälligen Platz ein. Sie unterstützt und steht ganz im Schatten der lauthalsen Violinen. Braut sich allerdings in einem Spielfilm etwas Drohendes, Spannendes oder gar Wildes zusammen, kommt die Viola aus dem Hintergrund und beherrscht bis zum überlauten Aufschrei der Violine die Filmmusik.

Wie schon erwähnt wurde Enea zuhause auf die Welt gebracht. Genauer gesagt in der Villa Rabenhorst. Wo sonst sollte ein Krähenbühl aus dem Ei schlüpfen.

Krähen und Raben gehören zur selben Familie. Zu dieser Familie zählen auch meine Lieblinge, die Dohlen. Sie begleiten mich regelmässig auf meinen Bergtouren. Kaum zu glauben, aber auch auf einem einsamen Gipfel auf über 4.000 Meter Höhe geht es kaum 60 Sekunden, nachdem wir unseren Rucksack geöffnet haben, bis eine Bergdohle uns begrüsst. Obwohl wir während Stunden des Aufstiegs kein einziges unmenschliches Lebewesen beobachtet haben und auch am Himmel ausser Flugzeugen nie etwas erkennen konnten, finden uns die Dohlen mit jeder Sicherheit. Die erste Bergdohle begrüsse ich immer mit *Grossvater*. Fragte ich meinen streng katholischen Grossvater, was er in seinem nächsten Leben sein wolle, war die Antwort überraschend unkatholisch: „Eine Bergdohle". Wo immer ich mich auf den Bergen aufhalte, *Grossvater* ist in meiner Nähe und er erhält auch regelmässig nicht nur etwas Brot, sondern auch ein gutes Stück Wurst oder Käse. Er bedankt sich mit halsbrecherischen Flugvorführungen und holt sich das in die Luft geworfene Nahrungsstück mit einer unübertrefflichen Eleganz.

Das Rabenhirn ist sehr klein, aber mit Terabytes versehen. Geht es nach Hirngrösse im Vergleich zur entsprechenden Intelligenz, schlagen die Raben nicht nur Delphine und Schimpansen, sondern auch uns Menschen. Eneas Vater Hampi macht sich dieses Talent zunutze und hat in seiner Werbeagentur die Kolkrabin Josy als Sekretärin eingestellt. Auf Hampis Website stellt sich Josy wie folgt vor:

„Kroak, kra, kroak – ich heisse Josy und möchte mit euch in Kontakt treten. Scheut doch nicht zurück, nur weil ich ein Rabe (eine Rabin) bin. Überwindet eure Vorurteile.

Wir Kolkraben sind die grössten Singvögel der Welt, dazu sehr intelligent; sogar sprechen können wir lernen. Was ich hier mache, fragt ihr euch. Hampi Krähenbühl ist mein Gebieter! In seinem Büro bin ich zuhause und helfe tüchtig mit! Den Eingang jeder E-Mail melde ich ihm mit einem Krächzen. Wenn ich mal nicht im Atelier bin, fliege ich mit Vergnügen in der Gegend rum. Meine Geschwister und ich sind wahre Künstler der Lüfte! Auf dem Rücken zu fliegen ist für uns ein Kinderspiel. Ausserdem futtere ich für mein Leben gern! Wir Kolkraben fressen fast alles, aber unsere Leibspeise ist Aas. Was? Ihr weicht zurück? Unsere Vorliebe kommt der Natur sehr zugute, und wir werden nicht von ungefähr auch als Gesundheitspolizei bezeichnet.

Mit dem Begriff Rabeneltern müsst ihr mir gar nicht erst kommen. Woher ihr Menschen diesen Ausdruck habt, können wir uns nicht erklären. Meine Mami hat sich fürsorglich um mich gekümmert. Mein Papi hat Mami immer Futter gebracht, als sie mich und meine Geschwister in unseren Eiern warm hielt. Was für ein schönes Nest wir hatten! Meine Eltern haben es selbst gebaut und es seither wieder für jüngere Geschwister gebraucht. Mami und Papi leben heute noch zusammen, das ist ganz normal bei uns Kolkraben.

Wieso ich ein schwarzes Gefieder trage? Was für eine Frage! Das ist doch topmodern und sehr elegant. Allerdings waren wir Raben nicht von Anfang an schwarz, einst waren wir schneeweiss – bis einer unserer Vorfahren dem Sohn des Zeus eine schlechte Nachricht überbrachte. Dafür färbte uns Apollo schwarz.
In zahlreichen Mythen und Sagen spielen wir eine wichtige Rolle. Bei den Indianern sind wir heilig, weil der Rabe die Menschen erschaffen hat.

JOSY
DER KOLKRABE
(DIE KOLKRABIN)"

Die Indianer liegen damit wohl richtig. Jedenfalls haben Krähen auch das Snowboarden erfunden, bevor der Mensch mit Schneespielen angefangen hat. Wer das nicht glaubt, kann sich auf YouTube unter *Krähe beim Snowboarden* selber davon überzeugen, dass diese Vögel uns Menschen immer eine Schnabellänge, oder noch besser, einen Flügelschlag voraus sind.

Die Frage, woher wir Menschen kommen, von wem wir abstammen, hat nicht nur die Indianer auf die Suche nach der richtigen Antwort getrieben. Selbst kleine Kinder konfrontieren uns Erwachsene mit dieser Frage aller Fragen und manchmal früher als wir das für nötig halten. Meist verweisen wir bei einer solchen Frage auf jemanden, der sich nicht im selben Raum aufhält. *„Frag Mami!"*, *„Frag Papi!"*, *„Frag die Kindergärtnerin!"*, *„Frag den Lehrer!"*. Kinder können aber erstaunlich beharrlich sein und man kommt nicht drum herum, drum herumzureden. Gewöhnlich muss der Storch, der Kinder in einem sanften Tuch liefert, dafür herhalten. Ist man besonders witzig, legt man mit dem Flamingo nach. Der soll die gleichgeschlechtlich veranlagten Babys einfliegen. Damit tut man sich allerdings einen Bärendienst. Das fragende Kind will dann unverzüglich wissen, was gleichgeschlechtlich ist. Uuups: *„Frag*

Mami", „Frag Papi!", „Frag die Kindergärtnerin!", „Frag den Lehrer!". Will Frau oder Mann dem kleinen Fragesteller auf keinen Fall reinen Wein einschenken, ist ein Versuch mit den Bienen, die die Blumen befruchten, immer ein dankbarer Fluchtweg. Die Bienen sind nämlich derart interessante Viecher, dass für genügend Ablenkung und Gesprächsstoff gesorgt ist.

Enea hat die Begeisterung für die Bienen von seinem Vater übernommen. Kein Wunder, denn die Krähenbühls halten 15 Bienenvölker und verkaufen Blütenhonig vom Rabenhorst Fürigen. Enea arbeitet gerade daran, einen Vortrag für die Schule vorzubereiten. Er stellt sich vor mich hin und ich markiere seine Schulklasse. Mit herrlichen Fotos auf PowerPoint begleitet, legt der jugendliche Imker los:

„Ein Bienenvolk besteht aus 30.000 - 50.000 Arbeiterinnen, 1000 männlichen Drohnen und einer Königin. Nur eine einzige Königin. Die Königin paart sich mit fünf bis zehn Drohnen während dem Hochzeitsflug. Nach der Paarung sterben die Drohnen. Die Bienen schleppen den Nektar von den Blüten nach Hause. Als Gegenleistung werden die Blüten befruchtet. Damit wird ein unermesslich grosser und wichtiger Beitrag zur Nahrungsproduktion für die ganze Menschheit geleistet. Zusätzlich zum Nektar bringen die Arbeiterinnen auch noch die Eiweissnahrung in Form von Blütenstaub ins Nest.

Damit nicht genug. Die Biene schabt mit ihrem Mundwerkzeug die harzige Schicht der Knospen von Pappeln, Birken, Kastanien, Erlen und Tannen ab. Mit Speichel vermischt ergibt dies ein Kittharz, auch Propolis genannt. Die Bienen dichten damit Ritzen und Löcher ab, überpinseln Innenwände und Waben. Dies verhindert das Wachstum von Pilzen und Bakterien im feuchtwarmen Bienenstock. Wie dem Honig wird auch Propolis viele gesunde Eigenschaften für das Wohlsein des Menschen zugesprochen."

Enea füllt mein Hirn mit vielen weiteren faszinierenden Tatsachen über die Bienen. Er schliesst seinen Vortrag mit dem zweideutigen Wort Bienenstich. Da gibt es die supersüsse Variante und den Bienenstich, der heftige Schmerzen nach sich ziehen kann. Für beide Bienensticharten hat Mutter

Regula das nötige Know-how, um präzise Einzelheiten zu diesem Thema zu liefern.

Für den süssen Bienenstich benötigt Regula unter anderem Mehl, Zucker, Milch, Butter, Eier, Rahm, Mandeln und, wie könnte es anders sein, Honig. Der Zufall kann es richten, dass man beim Bienenstichessen von einer Biene gestochen wird. Um einen solchen Zufall zu provozieren, müsste man den Bienenstich entweder verschwitzt oder mit einem starken Parfüm versehen, mitten in der Flugbahn der Bienen, essen. Während dem Essen wild herumfuchteln würde ebenfalls dazu verhelfen, endlich gestochen zu werden. Sollte sich eine Biene in die Kleider verfliegen und verfangen, geraten Mensch und Biene unweigerlich in Panik. Der Schnellere überlebt. Entweder wird die Biene mit der Hand oder sonst einem Gegenstand erschlagen oder die Biene sticht zu.

Die Biene überlebt ihre Verzweiflungstat nicht lange und fliegt stachellos dem sicheren Tod entgegen. Für den Gestochenen weiss Regula guter Rat: Es gilt, den Stachel so schnell wie möglich zu entfernen, denn das Gift wird noch fast eine Minute lang in die Haut eindringen. Den Stachel mit einer Pinzette oder mit dem Fingernagel wegkratzen. Falls möglich, den Stich aussaugen und ein Allerweltheilmittel auf die Stichstelle auftragen. Unter diesen Heilmitteln werden Eis, Zwiebeln, Spitzwegerich und Zitronen am meisten genannt. Im Normalfall schwillt die Haut etwas an und irritiert den Gestochenen noch einige Tage. In seltenen Fällen können allergische Reaktionen auftreten und zu Kreislaufproblemen, Atemnot und bis zum Tode führen.

Dass das Leben lebensgefährlich ist, wissen wir alle. Dank Kindern vervielfachen sich diese Gefahren überproportional und eine Mutter kommt sich nicht selten so vor, als arbeite sie in einer Notfallaufnahme eines Spitals. Kindern gelingt es, sämtliche Viren und Bakterien im Kindergarten und/oder der Schule ausfindig zu machen und nach Hause zu bringen. Sie sind auch fähig, aus allen möglichen Gegenständen einen Klettergarten zu bauen und runterzufallen. Mit Sand kann man nicht nur hübsche Schlösser bauen, man kann diesen auch essen, in die Augen streuen und die Nase und die Ohren davon voll kriegen. Werkzeuge werden solange getestet, bis Blut fliesst und beim Rumrennen gibt es tausende Möglichkeiten für Blessuren. Von den garantiert auftretenden Kinderkrankheiten wie Masern, Mumps, Windpocken, Scharlach, etc. etc. gar nicht zu reden.

Regula ist für die Behandlung von körperlichen und seelischen Ungemach bestens gewappnet. Überhaupt ist ihre berufliche Ausbildung so verlaufen, dass sie geradezu Mutter werden musste. Während den fünf Jahren Tätigkeit als Lehrerin hatte sie genügend Zeit, ihre Lust am Umgang mit Kindern zu testen und ihre erzieherischen Fähigkeiten auszuloten. Mit der darauffolgenden Ausbildung zur Heilpraktikerin TCM (Traditionelle Chinesische Medizin) und TEN (Traditionelle Europäische Naturheilkunde) holte sie sich so viel Know-how, dass sie tatsächlich auf einer Notfallaufnahme arbeiten könnte. Stattdessen beschloss sie Mutter zu werden und ihre eigene Naturheilpraxis ORSANA zu eröffnen. Auf der ORSANA-Website erkennt man schnell, dass Regula zuhause wohl nie aus der Ruhe kommt, wenn eines der drei Kinder blutüberströmt und in höchsten Tönen schreiend nach Hause kommt.

Unter anderem liest man auf ihrer Website, dass sie bei Kindern mit folgenden Problemen mit Rat und Tat helfen kann:

„Dreimonatskoliken, Schlafprobleme, Unruhe, Schreibabys, Durchfall, Verstopfung, Milch-Erbrechen, Erkältung, Grippe, Husten, Hautprobleme, Bettnässen, Mittelohrentzündung, Atemwegsprobleme, Asthma, Verhaltensauffälligkeiten, Appetitmangel, Bronchitis, Konzentrationsstörungen, Kopfschmerzen, Stottern, Ängste, etc."

In ihrer Heilpraxis arbeitet Regula rund zweieinhalb Tage pro Woche und jongliert die Stunden mit ihren Patienten und mit den täglich anfallenden Hausarbeiten so gut es eben geht. Hilfe kommt von Hampi, der sein Büro zehn Gehsekunden vom Esstisch entfernt hat, und von einer Freundin, die gleich nebenan wohnt. Trotzdem braucht es viel Organisation und Denkarbeit, um ein mögliches Chaos zu vermeiden.

In Kurzform kann ein ganz normaler Regulatag wie folgt abgehen:

05.45: Wecker. Aufstehen, Waschdrill, Morgen- und Mittagessen vorbereiten, allgemeine Hausarbeiten. Sogar ein flüchtiger Blick in die Zeitung liegt öfters mal drin.

06.30: Kinder wecken, ankleiden. Betten machen und Zimmer lüften. Gemeinsames Morgenessen, Zähne putzen, Znüni packen. Drei Kinder, dem Wetter oder Unwetter entsprechend, für den Weg zur Schule mit richtigen Kleidern und Schuhen eindecken.

07.25: Ab geht's in die Schule. Regula in die Praxis, die sich zehn Autominuten von zuhause befindet.

08.00 - 11.30: Arbeit in der Praxis.

12.00: Zurück nach Hause. Mittagessen fertigkochen. Die Kinder kommen zum Essen nach Hause. Zeit, gemeinsam zu essen und die Neuigkeiten auszutauschen sowie die Fragelawine zu bewältigen. Küche aufräumen, Geschirr dem Geschirrspüler füttern. Ja selbst ein Kaffee liegt drin.

13.00: Kinder sind bereits wieder auf dem Schulweg und Regula auf der Fahrt zur Praxisarbeit.

15.00: Regula kommt entweder um 15.00 Uhr nach Hause oder Hampi empfängt die nach Hause kommenden Kinder. Jetzt ist Zvieri angesagt. Dann gilt es, Hausaufgaben zu überwachen, die Kinder zum Üben der Musikinstrumente zu motivieren und sie beim Spielen im Auge zu behalten. Nachtessen vorbereiten. Ach ja, auf dem Weg von der Praxis nach Hause gilt es, alle nötigen Esswaren und Haushaltartikel einzukaufen. Die mentale Liste dafür hat Regula bei der Autofahrt bereitgestellt.

18.00: Abendessen... Haushaltarbeiten, schwatzen und lachen.

Ab 19.30: Je nach Alter ab ins Bett. Mit Singen und Geschichtenerzählen.

21.00: Ufffff. Ruhe. Zeit für Haushalt, Büroarbeiten... für sich selbst... für Hampi.

Würde es eine professionelle Ausbildung mit Lehrabschluss für den Beruf *Mutter* geben, dann würden Erziehung, Organisation und medizinische Grundkenntnisse zu den Top-Hauptfächern gehören. Ohne Zweifel meistert Regula ihre Mutteraufgaben gerade deshalb mit Bravour, weil sie in allen drei Fächern viel theoretische Kenntnis und noch mehr praktische Erfahrung mitbringt. Aber auch sie gibt gerne zu, dass die Routinearbeiten wie Waschen, Abwaschen und Putzen manchmal ziemlich nervtötend sein können.
Regula bezeichnet dies als *Non-Stop-Geben*. Zeit für sich selbst bleibt kaum.

Zeit für sich selbst erscheint als DER Luxus jeder Mutter. Da kommt ein Kinderlachen, ein zufriedenes Gesicht, ein *„Dankeschön, Mami"* begleitet von einem Kuss wie ein Geschenk des Himmels daher.

O-TON Mutter Regula

„Es ist wohl der abwechslungsreichste und interessanteste Job der Welt, wohl auch fordernd und immer mal wieder herausfordernd, mal grossartig und grandios, mal zu Tränen rührend und herzzerreissend, mal witzig und amüsant, unverwechselbar und einmalig, immer aussergewöhnlich und überwältigend, auch mal überraschend, sensationell und originell, ab und zu auch streng, gereizt und zum in die Luft gehen – jedoch immer wieder auf den Boden kommen und sehen, was wir als Familie mit allen Kindern, mit jedem einzelnen erleben und teilhaben dürfen an und auf seinem eigenen Lebensweg… eigentlich lässt sich der Mutterjob gar nicht in Worte fassen…"

11- bis 12-jährig: Chiara und Mutter Vreni

Laut Volksmeinung soll man nicht Äpfel mit Birnen vergleichen, weil diese nicht vergleichbar sind. Für mich ist das so gut wie Wortklauberei. Äpfel sind Birnen ziemlich ähnlich. Beide wachsen oft ganz einträchtig auf derselben Wiese, die Bäume sind für einen Laien fast nicht unterscheidbar. Die Frucht isst man ohne zu schälen, beide ohne Stiel und selbst farblich kommen sie recht identisch daher. Zugegeben, es gibt vielleicht hunderte von Apfelsorten wie *Golden Delicious, Gala, Granny Smith, Boskoop* oder *Jona Gold;* und auch bei den Birnen ist die Auswahl gross. Trotzdem ist es für mich ein Rätsel, weshalb Äpfel und Birnen für das *Nicht-Vergleichbare* herhalten müssen. Maus und Katze, Ameisen und Astronauten, Piloten und Einsiedler wären einiges prädestinierter als Synonym für *unvergleichbar* herzuhalten.

Kann man Äpfel mit Äpfeln vergleichen? – Sicher.
Kann man Mütter mit Müttern vergleichen? – Sicher nicht, das wäre, wie wenn man Ameisen mit Astronauten vergleichen würde.

Da gibt es die Mutter von einem, zwei, drei oder gar einem Dutzend Kinder.
Die alleinerziehende Mutter.
Die arme oder die steinreiche Mutter.
Die Mutter von Zwillingen, Drillingen, Vierlingen oder, so Gott will, von Fünflingen.
Die Mutter von adoptierten Kindern.

Sicher gibt es auch die arme, alleinerziehende Mutter von Drillingen und weiteren vier Kindern, zwei davon adoptiert. Adoptiert deshalb, weil sie in den ersten verheirateten Jahren keine Kinder kriegen konnte. Drillinge deswegen, weil die Hormonbehandlung leicht überdosiert war. Alleinerziehend, da der Ehemann wegen zu vieler Kinder das Weite und die Ruhe suchte. Arm aufgrund dessen, weil der Geflüchtete auf seiner ruhigen Insel kein Geld nach Hause schicken konnte oder wollte.

Trotz der milliardenfachen Vielfalt werden Mütter mit Müttern milliardenfach verglichen. Gleich vorweg gesagt sind Männer und oder Väter instinktiv schlau oder ignorant genug, solche Vergleiche den Frauen zu überlassen.

Mütter vergleichen Mütter, Grossmütter die jungen Mütter. Nichtmütter die Mütter. Die Konkurrenz ist gross und der Wettbewerb wird entweder ganz offen ausgetragen oder es wird nur im Versteckten und manchmal auch ganz unbewusst rivalisiert. Bei solchen Vergleichen kommt ganz augenfällig zu Tage, dass Muttersein in der Tat ein Beruf ist. Alle Menschen, die einen Beruf haben, sind dem Wettbewerb ausgesetzt. Es gibt sogar Berufsweltmeisterschaften, wo der beste Bäcker, Metzger, Mechaniker oder Bodenleger mit einer weltmeisterlichen Goldmedaille nach Hause fahren kann. Die Kriterien sind klar vorgegeben, wie man zu diesen höchsten Ehren kommen kann.

Faire Kriterien für eine Mutterweltmeisterschaft wird man nie und nimmer definieren können. Zu verschieden sind die Mütter, zu andersartig die Kinder und viel zu ungleich die Umstände. Vergleiche werden aber trotzdem gemacht, super Mütter und grottenschlechte Mütter jeden Tag wieder neu erkoren. Alle Beteiligten von solchen Vergleichen und Bewertungen wissen insgeheim, dass solches Tun unfair und nutzlos ist. Und doch bleibt es ein beliebtes Gesellschaftsspiel und sorgt für endlosen Gesprächsstoff.

„Warum hat sie überhaupt Kinder, wenn Sie Vollzeit arbeiten will?
Wie kann sie nur gelangweilt zuhause hocken und mit zwei Kindern Däumchen drehen?

Was? Nur zwei Monate Muttermilch? – Diese Egoistin.
Was? Nur Muttermilch? Und das schon während mehr als acht Monaten? – Das arme Kind!

Die sollte mal erleben, wie man zwei Kinder, beides Knaben, grosszieht!
Die sollte mal am eigenen Leib erfahren, wie es ist, wenn man Drillinge hat!

Wie die sich immer perfekt stylt, nur um das Kind in die Schule zu bringen!
Wie die schlampig angezogen das Kind zur Schule begleitet!

So jung und schon Mutter! Das muss ja schiefgehen!
In dem Alter qualifiziert sie sich ja viel besser als Grossmutter!

Das arme Kind muss immer zur Schule laufen!
Das verhätschelte Kind wird immer mit dem Auto zur Schule gebracht!

Mein Kind hat in der Mathematik eine 5!
Mein Kind kann bereits in drei Sprachen auf hundert zählen!"

Und...und...und...

Bei uns Männern gibt es vergleichbar hitzige Debatten, mit tausenden von einzig richtigen Meinungen, nur in der Aufstellung der idealen Fussballnationalmannschaft. Einig sind wir uns meistens lediglich in der Feststellung, dass der Trainer mit seiner Besetzung jämmerlich danebengegriffen hat.

Das in diesem Kapitel bereits Geschriebene hat nichts mit Chiara und Mutter Vreni zu tun. Höchste Zeit also, zum eigentlichen Thema zurückzukommen.

Vreni, Mutter von Chiara, beteiligt sich nicht an den oben erwähnten Gesprächen. Auch wenn sie wollte, die Zeit dazu würde ihr wahrscheinlich fehlen. Sie ist Mutter von fünf Kindern. Das sind rund dreieinhalb Kinder mehr als im schweizerischen Durchschnitt. Vreni kann es mit der Fruchtbarkeitsrate afrikanischer Länder aufnehmen. Die zehn Topländer in dieser Kategorie kommen alle aus Afrika. Am Ende der Fahnenstange sind Länder wie Japan, Deutschland und Monaco. Die Schweiz liegt auf Platz 187, wobei Vrenis Leistung in dieser Statistik wahrscheinlich noch nicht berücksichtigt ist.

Chiara ist das vierte Kind, das von Vreni und Martin gezeugt wurde. Mit ihren herrlichen Rastalocken könnte sie die kleine Schwester von Neytiri aus dem Film Avatar sein, inklusive den lauenenseeblauen und bohrenden Augen. Ein hellwaches Mädchen, das an der Schwelle zum Teenager steht. Oder wie es Vreni beschreibt. Der Kopf ist schon über dieser Schwelle, der Körper wird den Sprung schon bald wagen.

Ich habe Vreni und Chiara einen Tag lang Schritt für Schritt begleitet:

06.35: Leicht verschnupft und etwas angespannt im Nacken betritt die sportliche Vreni die Küche. Die auf Automatik eingestellten Hände präparieren für den sechzehnjährigen Sohn Tino ein Lunchbutterbrot mit eingeklemmtem Schinken. Die Geschirrspülmaschine wird entleert, das Geschirr an die richtigen Orte platziert. Einige Tassen und Teller, die den maschinellen Waschgang verpasst haben, kriegen es mit den Händen von Vreni zu tun und glänzen nach einiger Gegenwehr im Scheine des anbrechenden Tages. Im Radio ist zu hören, dass Clinton am demokratischen Kongress ein vehementes Plädoyer für Obama abgegeben hat, obwohl gerade dieser Mann seine eigene Frau, die Frau Clinton, vor vier Jahren besiegt hatte. Fast noch wichtiger für uns Schweizer ist die Nachricht, dass Federer im US-Open überraschend im Viertelfinal verloren hat.

06.55: Zeit für Vreni, den Morgenkuss an Chiara zu deponieren und auch die bald siebenjährige Loreena darauf aufmerksam zu machen, dass die Prinzessinnenträume bald ein Ende haben. Just vor den Sieben-Uhr-Nachrichten kommt ein SMS von Sohn Nicola rein. Als neunzehnjähriger absolviert er gerade den obligatorischen Militärdienst. Er ist bei der Sanität eingeteilt und betreut unter anderem Leute, die so alt sind, dass sie Nicolas von beiden Weltkriegen Augenzeugenberichte durchgeben können. Nicolas fragt per SMS an, um welche Uhrzeit das erste Treffen zwischen den zukünftigen Schwiegereltern am folgenden Wochenende denn opportun sei. Zu früh ist so was allemal. Auch am übernächsten Wochenende des übernächsten Jahres. Trotzdem bespricht Vreni dieses Date mit dem gerade eingetrudelten Ehemann Martin. Ein Treffen dieser Art bedeutet eine

Premiere in der sich noch jung fühlenden Familie Poletti und Martin will seine Antwort, da am frühen Morgen überfordert, bis am Abend zurückstellen.

07.10: Vreni schnetzelt mit geübten Fingern und Messer frische Früchte und verteilt sie in drei Schalen, die für Chiara, Loreena und Tino bestimmt sind. Dazu kommt frisches Getreide, das hier und jetzt in der Getreidemühle Fidibus gemahlen wird. Mit hier und jetzt meine ich in Vrenis Küche.

Fidibus 21 ist die meistverkaufte Mühle und wird vom Hersteller als kompromisslos bezeichnet. Nur 32 cm klein, aber mit der Mahlleistung der ganz grossen Getreidemühlen.

Mir gehen Bilder von holländischen Windmühlen durch den Kopf, in denen ganze Müllerfamilien leben. Und die Fidibus 21 vergleicht sich völlig ungehemmt mit solchen Kalibern.

Im ZDF (immer laut Prospekt) mahlte die Fidibus das feinste Mehl aller getesteten Getreidemühlen. Als Ergebnis neuester wissenschaftlicher Erkenntnisse sorgt sie für ein reibungsloses Zusammenspiel der Kräfte und das alles mit erstaunlicher Laufruhe. Für nur rund 250 Euros, plus Verpackungs- und Versandkosten. 12 Jahre Herstellergarantie.

Eine Maschine also mit Getriebe und Motor aus altem Schrot und Korn, ein wohltuendes Bekenntnis gegen die heutige Wegwerfgesellschaft. Die heutige Wegwerfgesellschaft wirft nicht mehr alles in einen Eimer. Sie produziert aber auch viel mehr als die gestrige. Weggeworfen werden laut glaubwürdigen Statistiken rund ein Drittel aller Lebensmittel, und auch Gebrauchsgüter sind mehrheitlich so gebaut, dass ein Neukauf günstiger und einfacher zu beschaffen ist als eine Reparatur zu finanzieren. Der heutige Konsument erwartet selbstverständlich auch Minuten vor Ladenschluss, dass die Frischwarenregale immer noch prallgefüllt sind. Tatsache ist, dass Vreni schon vor 07.30 Uhr damit beschäftigt ist, den Müll fein säuberlich zu trennen. Blech, Glas, PET, Papier, Grüngut, Kompost, Sperrgut, Batterien und sonstigster Abfall.

07.30: Das Haus hat sich bis auf Vreni und Loreena entleert. Chiara und Tino in Richtung Schule, Martin ins Büro. Die beiden ältesten Kinder besetzen zwar noch ihre Zimmer im Hause Poletti, sind aber mehrheitlich ausser Haus. Nicolas im Militär. Shona weit weg in einer Universität. Jetzt wird Loreena auf den neusten Stand gebracht. Zähne putzen, Kleider wählen und anziehen und die blonden Wuschelhaare kämmen. Schulsack packen und ab geht der jüngste Spross in die neue grosse Welt der Schüler.

Normalerweise wäre für Vreni an einem Donnerstag Gymnastik angesagt, der steife Nacken meldet vehemente Opposition. Das Ersatzprogramm ist aber mit Schwimmen bereits geplant, schliesslich muss die gemalte und gekaute Haferenergie irgendwie freigesetzt werden. Vorher saust Vreni aber durch alle Zimmer, setzt die Bettdecken ans Sonnenlicht, putzt die Badezimmer und Toiletten und räumt Loreenas Bude auf.

Alle anderen Räume sind dem Putzeifer der Besetzer überlassen und da gibt es von Zimmer zu Zimmer feine Unterschiede. Vreni stellt mit ihrer Spürnase lediglich fest, ob sich irgendwelche, seit Tagen vernachlässigten Esswaren mit penetranten Aromas zur Entsorgung empfehlen. In solchen Fällen wartet sie nicht zu, bis die Kinder selber auf den Geruch kommen und stiehlt den Käfern und Insekten diese Mahlzeiten vor der Nase weg. Einmal die Woche macht Vreni mit dem jeweiligen Kind Zimmerkontrolle. Wenn mindestens zehn Prozent vom Fussboden sichtbar sind und die schmutzigen von den sauberen Kleidern getrennt sind, erteilt die Kontrolleurin die Erlaubnis, den Raum für weitere sieben Tage dem vom Benutzer gewünschten Chaos zu überlassen.

08.00: Vreni sitzt am Computer, checkt ein paar Emails und versucht ohne Erfolg eine Excel-Liste für das Kids-Programm des Turnvereins auf den neusten Stand zu bringen. Das Programm wehrt sich mit allen listigen Tricks gegen Vrenis Ansinnen, bis sich die Anwenderin entnervt an die weniger arglistigen Tomaten wendet. Diese stehen heute im Mittelpunkt der Mittagessenvorbereitungen. Es gibt mit Hackfleisch gefüllte Tomaten und Kartoffeln und als Vorspeise einen taufrischen Salat. Die Kartoffeln sind ein Zugeständnis an Chiara. Sie liebt Kartoffeln und verachtet Tomaten. Nach diesen Vorbereitungen empfängt der Geschirrspüler seine schmutzigen Gäste und freut sich auf seine nie ausgehende Arbeit.

08.45: Ich begleite Vreni auf den Balkon und lass es mir an der Sonne gut gehen. Vreni trocknet die Wäsche umweltschonend an der frischen Luft und lässt den Tumbler ohne Beschäftigung in einer Ecke schmoren. Sie legt die getrocknete Wäsche sorgfältig zusammen und macht für jeden Haushaltsteilnehmer einen Stapel blitzsauberer Wäsche.

Socken werden nur gewaschen und getrocknet, wenn sie von jedem Kind, inklusive Ehemann, vor dem Waschgang mit einem Clip versehen werden. Ich entdecke diesen genialen Clip zum ersten Mal. Wer hat nicht schon darüber gestaunt, wie sich Socken selbständig machen und sich auf Nimmerwiedersehen, wie von magischer Hand gesteuert, in Luft auflösen. Mit sieben Personen in einem Haushalt ergibt dies pro Woche schnell mal über fünfzig Socken, die alle ihre eigenen Wege gehen und sich mit aller Kraft dagegen wehren, mit ihrem angestammten Partner zusammenzukommen. Treue gehört wirklich nicht zu den bevorzugten Eigenschaften von Socken, schon eher suchen sich diese Fussbekleidungen andere Gefährten oder gehen ihre eigenen, nicht auffindbaren, Wege.

Sockstar hat dieser Untreue den Kampf angesagt.
„Nie mehr Socken und Strümpfe sortieren. Cleverer Sammler hält Socken in der Wäsche zusammen. Stecken sie den Sockenclip einfach auf das Strumpfpaar. Mit Hacken – zum praktischen Aufhängen an der Wäscheleine."
Und so weiter und so fort. Aber der absolute Hammer kommt noch. Die Clips sind in verschiedenen Farben erhältlich. Rot für Chiara, Blau für den lieben Martin, Gelb für Nicolas... – jedem Kind seine Farbe. Die Arbeit mit den Socken wird zu einem fröhlichen Farbenspiel und dem Sockenchaos ist für immer ein Ende gesetzt.

In dieser Stunde entwickelt sich ein intensives Gespräch über meinen Buchtitel *„Die Mutter aller Jobs"*. Vreni ist klar der Meinung, dass Mutter kein Job sein kann, weil Mutter ein Zustand ist, in dem sich eine Frau von der Geburt eines Kindes an bis zu ihrem Tode befindet. Auch Grossvater, Tante,

Enkel oder Vater sind keine Jobs, sondern ein Zustand. Hausfrau oder Hausmann ist eine Jobbezeichnung. Vrenis Argumente sind überzeugend und doch lasse ich mich nicht von meinem Buchtitel abbringen. Wer will, kann ja *„Die Mutter aller Jobs"* mit Hausfrau, Hausmann, Ernährungsexpertin, Kosmetikerin, Lehrerin etc. gleichsetzen. Ich jedenfalls bleibe dabei, dass die Mutter *„Die Mutter aller Jobs"* ist. Inklusive Zustand.

10.00: Mutter Vreni schwingt sich aufs Fahrrad und radelt zum lokalen Gemüse- und Früchtemarkt, der jeden Donnerstagmorgen vor der Kirche stattfindet. Dort stehen die Leute Schlange, um die frische Ware einzukaufen. Eine kleine, aber feine Demonstration gegen die Grossverteiler, die schon seit einiger Zeit den klassischen Dorfläden den Garaus gemacht haben. Ich beobachte dieses umtriebige Getue auf dem Dorfplatz mit einem gewissen Wohlgefallen, stelle aber auch fest, dass in meinem Blickfeld der Bäcker, der Metzger und der Kolonialwarenladen durch eine Beiz, eine Bank und ein Computergeschäft ersetzt wurden. Die Kirche steht noch. Wird aber auch immer seltener benutzt. Und wer weiss, in nicht allzu ferner Zukunft einem neuen Zweck zugeführt.

10.25: Besuch im Schwimmbad. Einen Kilometer schwimmen im See (statt Gymnastik). Kaffee geniessen und mit der Freundin den Excel-Frust diskutieren und einer Lösung zuführen. Das Kids-Programm steht.

11.30: Wieder zuhause, Post öffnen, Telefonate wegen einer doppelten Bezahlung, Mittagessen fertigvorbereiten.

12.00: Loreena, Chiara, Tino und Martin tropfen ins Haus. Alle hungrig und alle irgendwie im Banne der tickenden Uhr. Trotzdem wird das Essen ohne Hast verschlungen und auch Chiara kommt dank *Bruno's Salatsauce* auf den Kartoffeln zu einer üppigen Mahlzeit.

13.00: Und wieder herrscht Stille im Hause Poletti. Vreni legt einen wohlverdienten Powernap ein. Nachher kriegt das Excel-Programm zu spüren, dass die Anwenderin keine Tricks mehr zulässt und weitere Büro- und Haushaltarbeiten werden mit neuem Elan erledigt.

15.00: Loreena meldet sich von der Schule zurück und schon bald ist auch Chiara wieder da. Ein kleiner Snack wird serviert und es ist Zeit für Hausaufgaben. Loreena beansprucht Mutters Hilfe gerne und Chiara verschwindet in ihr Zimmer.

16.15: Die grosse Tagesneuigkeit: Vrenis Freundin Alexandra ruft an und übermittelt eine topgeheime Nachricht. Vreni erhält für ihre langjährige freiwillige Arbeit den Jugendförderpreis von Hergiswil. Die Preisverleihung findet in zwei Monaten statt, ein erstes Apéro gibt es bereits heute im Schwimmbad. Wann immer man ein Kind auf einem Einrad durch die Strassen fahren sieht, kann man davon ausgehen, dass stundenlange Bemühungen von Vreni hinter diesem fahrenden Kunststück stehen. Vreni hat hunderten von Kindern gezeigt, was ein junger Körper alles kann. Mit Ball, ohne Ball, beim Klettern und Turnen, auf dem Einrad, auf dem Skateboard. Auf Schnee, Wasser, Sand, Rasen, Tartanbahn oder Asphalt. Für diesen jahrelangen Freiwilligeneinsatz verleiht ihr der Schulrat den Anerkennungspreis für wertvolle Jugendarbeit. Die Anerkennung kommt nicht nur mit gutgemeinten Worten und leeren Händen, sondern mit einem Preisgeld von 1000 Franken und einer magischen Kristallkugel der Glasi Hergiswil.

17.00: Mit Fahrrad und Anhänger fährt Vreni mit Loreena ins Schwimmbad. Loreena lernt das Schwimmen und Vreni geniesst das wohlverdiente Apéro. Etwas später trifft auch noch Chiara ein, um neue Bestzeiten im Pool zu jagen.

18.30: Abendessen ist angesagt. Der Tisch wird mit allen möglichen Esswaren bedeckt und das Buffet steht für die nächsten zwei Stunden für alle hungrigen Polettis zur Verfügung.

Dieser Donnerstag ist natürlich noch lange nicht zu Ende. Da Ehemann Martin nach Hause kommt, ziehe ich mich diskret zurück. Falls jetzt auch nicht mehr allzu viel auf dem Programm stehen sollte, was zu bezweifeln ist, kann man von einem gut gefüllten Arbeitstag von Vreni sprechen. Ob in der Rolle als

Mutter, Hausfrau, Köchin, Lehrerin, Putzfrau oder Trainerin. Ich bin versucht zu vermuten, dass Vreni für mich einen speziell intensiven Donnerstag vorbereitet hat. Durch Gespräche an diesem Tag habe ich aber mitgekriegt, dass während den anderen Wochentagen auch noch Beachvolleyball, Gärtnerarbeiten, Pilates, Tennis, Gymnastik, Mountainbiken, Kids-Sportkurse, Kleiderwaschen, Wändestreichen, Taschennähen und viele weitere Aktivitäten auf dem Programm stehen. Ich komme zum Schluss, dass ich einen ganz normalen Vreni Werktag miterlebt habe.

Chiaras Alltag ist auch nicht ohne. Sie fordert mich auf, sie am Morgen in die Schule zu begleiten. Auf dem fünfminütigen Weg zur Schule stellt sie mich ihren Schulkameradinnen ohne irgendwelche Hemmungen vor. Als fast zwölfjähriger Junge hätte ich mich mit Händen und Füssen gewehrt und unzweideutig klargemacht, dass mich keine alte Tante in die Schule begleiten könne. Nicht so Chiara. Auch dem Lehrer werde ich vorgestellt und sie schafft es mit ihrem Charme, dass der Lehrer ohne Zögern bereit ist, mich als Anhängsel für einen spontanen Schulbesuch zu akzeptieren.

Ich laufe ganz ungeahnt in eine herrliche *memory lane*. Vor sage und schreibe vierundfünfzig Jahren besuchte ich genau diese Schule, in genau diesem Schulzimmer. Ich erkenne die Treppe, wo ich mich todesmutig mit einem einzigen Sprung eine ganze Etage runtergestürzt habe, nur um einem ausnehmend hübschen Mädchen zu imponieren. Zu meiner Erniedrigung wandte sich die Schönheit genau in dem Moment einem andern Knaben zu, als ich unter grössten Schmerzen auf dem knallharten Boden landete. Die ganze Machodemonstration verpuffte ins Leere und das Mädchen verpasste eine leidenschaftliche Balzschau.

Selbstverständlich sind die Schulzimmer frisch renoviert und die alten Pulte entsorgt. Stattdessen sitzen die Schüler an Vierertischen und der Lehrer ist überall zu finden, manchmal sogar ganz vorne. Zu Beginn schüttelt der Lehrer zum Morgengruss jedem Kind die Hand. Damit wird sichergestellt, dass mögliche Viren und Bakterien gleichmässig über die ganze Klasse verteilt werden.

Dann sitzen alle fünfundzwanzig Kinder im Kreise auf den Boden und der Lehrer hockt sich auf gleicher Höhe zu ihnen. Er will von den Kindern wissen, wie sie die ersten Wochen in der sechsten Klasse erlebt haben und welche Verbesserungsmöglichkeiten sie vorschlagen möchten. Da trifft auch schon das letzte Kind nur leicht verspätet ein und setzt sich ohne zu zögern neben den Lehrer. Auch hier folgt ein freundlicher Handschlag, ein kurzes *„Sorry",* ein noch kürzeres *„Okay".*

Zu meiner Schulzeit könnte man eine ähnliche Szene wie folgt beschreiben: Die Pulte sind in Reih und Glied aufgestellt, der Lehrer leicht erhöht auf einem Podium, ganz vorne natürlich. Autorität pur. Auf den Boden zu hocken hätte wohl einen Aufstand bei den Eltern provoziert. Der Lehrer fragt die Schüler sicher nicht nach ihrem Wohlbefinden, sondern schwingt genüsslich einen Knebel und haut das Ding dem ersten Schüler um die Ohren, der eine Antwort entweder zu leise oder falsch gibt. Der zu spät Eingetroffene muss die Hand ausstrecken. Nicht zum morgendlichen Gruss, sondern zum Empfang von drei kräftigen Schlägen mit dem besagten Knebel. Auch wir haben einiges gelernt, auch ohne unseren kreativen Input an den Lehrer, wie wir die Schulstunden verschönern könnten.

Die Schüler von heute benehmen sich überraschend artig und bestätigen dem Lehrer, dass alles prima läuft und er so weiter arbeiten könne. Einige von ihnen üben sich ganz unverblümt in Selbstkritik und verweisen auf die stark grassierende Schwäche, die mit Vergessen zu tun hat. Buch vergessen, Aufgaben vergessen, nötiges Material vergessen, Turnschuhe vergessen. Meine Schwester hat das Wort *Jungzheimer* kreiert, um die grassierende Vergesslichkeit der Jugendlichen zu beschreiben. Tatsächlich scheint diese Krankheit schon in jungen Jahren um sich zu greifen, um schliesslich in Alzheimer zu enden.

Im zweiten Teil der ersten Stunde sitzen wieder alle Schüler an ihrem Vierertisch und ich darf mich gleich neben Chiara setzen. Während der nächsten halben Stunde sollen die Schüler an ihrem persönlichen Geburtstagsblatt arbeiten. Dieses soll über ihre Person alle möglichen Daten liefern.

Chiara fühlt sich im Kreise ihrer Schulkolleginnen und Schulkollegen sichtlich wohl. Mädchen und Buben scheinen ohne grosse Anstrengungen zu harmonieren. Mobbingversuche stelle ich keine fest. Kleidermarken scheinen noch keine allzu grosse Bedeutung zu haben. Mädchen sind vornehmlich unter Mädchen und die Buben quatschen mit den Buben. An diesem Morgen habe ich keinen Burschen gesehen, der sich todesmutig die Treppe runterstürzte, obwohl es genügend hübsche Mädchen gab, die eine solche Liebeswerbung verdient hätten.

Chiara versichert mir, dass sie noch keinen Freund hat. Irgendwann nach dem zwölften Geburtstag und nachdem der Körper dem Kopf ins Teenagerland gefolgt ist, wird sie das sicherlich zu genüge nachholen. Chiaras Leidenschaften drehen sich um Musik, Lesen, Sport, Rumhängen und den Hamster Mia. Aber zuerst müssen die Hausaufgaben erledigt sein. Und wieder zeigt sich Chiara von der zuvorkommenden Seite. Sie freut sich geradezu, dass ich ihre Gemächer betrete und ihre ganz persönliche Seite kennenlernen darf. Die Hausaufgaben fordern von ihr, einen literarischen Text von einem Sachtext zu unterscheiden. Dabei lerne ich, dass „im ersten Weltkrieg die Matrosen der deutschen Hochseeflotte den kaiserlichen Befehl zu einem letzten sinnlosen Einsatz gegen die englische Kriegsflotte verweigerten. Der Druck auf den Kaiser wurde so stark, dass er abdanken musste". Und jetzt weiss das nicht nur ich, sondern auch die sachtextgeläufige Chiara. Sie macht sich daran, diesen Satz in Nomen, Verben, Partikel, Pronomen und Adjektive zu sezieren. Dass der Kaiser abdanken musste, ist ihr wohl egal, und warum vor dem danken noch das Wörtchen ab steht, wohl auch. Jedenfalls kann sie mir die Frage nicht beantworten, was abdanken denn heisst. Hauptsache, es ist ein Verb, oder etwa nicht?

Wenn es um das eigene Lesevergnügen geht, bevorzugt Chiara ganz eindeutig literarische Texte. Ihr gegenwärtiger Favorit ist die Trilogie mit den Titeln: *Die Schattenkämpferin, Die Drachenkämpferin* und *Die Feuerkämpferin* von Licia Troisi. Fantasieromane, die einen derart tiefen Eindruck auf das Gemüt von Chiara machen, dass sie nicht selten beschliesst, in dieser Fantasiewelt zu verharren. Vreni spürt dann, dass sie die Kleine dort belassen muss, bis sie sich mit eigener Kraft vom Feuer, vom Drachen und vom Schatten löst und etwas widerwillig in die wirkliche Welt zurückkehrt. Nicht selten ist es der knurrende Magen, der unverfroren behauptet, er könne nicht nur mit Fantasien gefüttert werden.

Während allen Tätigkeiten, ob Hausaufgabenerledigen, Lesen oder mit dem Hamsterspielen, wird Chiaras Raum mit Musik gefüllt. Im Moment läuft *„Sexy and I know it"* von LMFAO (Laughing my fucking ass off). Dieser Electropop gehört zu Chiaras Favoriten und ich bin mit ihr einverstanden, dass dieser Sound richtig angenehm gehirntötend rüberkommt. Auf YouTube wurde dieser Song bereits über 16 Millionen Mal angeklickt und ich versichere mich, dass Chiara ausser dem sich hundertmal wiederholenden Titeltext wohl nichts versteht. Sie muss schliesslich noch nicht wissen, was der Sänger für Leidenschaften in seinen Hosen hat *(„I got passion in my pants and I ain`t afraid to show it")*.

Auch Goldhamsterin Mia scheint sich mit der Musik wohlzufühlen. Vor allem deshalb, weil sie von Chiara liebevoll gestreichelt wird. Heute ist der Tag in der Woche, an dem ihr ganzes Zuhause sauber gemacht wird. Das beginnt damit, dass Chiara den Zimmerboden so übersichtlich wie möglich aufräumt. Nur so kann sie sicherstellen, dass sich Mia nicht irgendwo verläuft und unter den Kleidern, Büchern, CDs und sonstigen Siebensachen für immer unauffindbar bleibt. Denn beim Käfigputzen darf die Hamsterin frei im Zimmer rumrennen und zum Electropop tanzen. Vor dem Verlassen des Käfigs füllt Mia ihre Backentaschen, sie weiss schliesslich nicht, wann das nächste Essen serviert wird. Mit viel Geschick säubert Chiara den Käfig, ersetzt den Kalkstein, der zum Zähneputzen und -schleifen benötigt wird und wechselt auch den Badesand Marke *Acapulco*. Das frische Heu darf ebenso wenig fehlen wie die Vitamintropfen.

Wenn Mia frei herumtanzen darf, hat auch Loreena die Erlaubnis, in Chiaras Heiligtümer einzutreten. Die beiden Mädchen verstehen sich meistens ganz gut und Loreena ist nur zu gerne bereit, als Kind für Chiaras Mutterinstinkte herzuhalten. Heute wird ihr Haar mit verschiedenen kreativen Zöpfen versehen und Chiara verrät mir, dass Haare kämmen zu einer ihrer Lieblingsbeschäftigungen zählt. Ich offeriere ihr meine Haarpracht in Ordnung zu bringen und zu meiner Überraschung finden dies die beiden Mädchen zum Totlachen lustig. Nach einem sorgfältigen Haarcheck kommen die beiden zum Schluss, dass ich in meinen Ohren und in der Nase einen üppigeren Haarwuchs als auf meinem Schädel habe. Und doch... für Ohrenzöpfe nicht genug. Ha, Ha, Ha.

Um 17.00 Uhr ist die Querflötenstunde angesagt. Chiara ist wohl eine der wenigen Künstlerinnen, die gleichzeitig Einrad fahren und fehlerlos Querflöte spielen kann. Laut ihrer Musiklehrerin ist sie ein grosses Talent, die einmal nervt und ein anderes Mal begeistert. Heute scheint das Nerven angesagt zu sein. Jedenfalls ist die Lehrerin mit Chiaras Körperhaltung, die in mangelnder Kraft und oder Luft resultiert, nicht zufrieden. Chiara erklärt, dass sie heute ausgepowert ist und keinen Bock für die Querflöterei hat. Ohne Kraft geht nichts, meint die Musikdozentin. Doch, ich kann schlafen ohne Kraftaufwand, entgegnet die trotzige Chiara. Darauf kommt es zum Eklat und die junge Tonkünstlerin verlässt den Musikraum so stürmisch, dass die Türe lauter als nötig zuknallt.

Meine Vermutung, Chiara habe damit ihre letzten Kraftreserven verbraucht, sollten sich als Trugschluss erweisen. Die Fast-Teenagerin hat nämlich im Anschluss an diese spektakuläre Querflötenflucht genügend Power, um das noch anstehende Schwimmtraining mit vollem Elan zu absolvieren. Hätte sie beim Querflötenspielen nur halb so viel Puste gehabt, wären die Töne zur Begeisterung der Musiklehrerin ausgefallen.

In Chiaras Alter sind Stimmungsschwankungen an der Tagesordnung. Himmelhoch jauchzend und zu Tode betrübt folgen sich in atemberaubender Geschwindigkeit. Die Geschlechtsdrüsen produzieren jede Menge Östrogen und Progesteron. Diese Hormone werden bei Chiara, wie bei den meisten Frauen, bis ins hohe Alter als Erklärung und oder Entschuldigung für körperliche, geistige oder seelische Problemchen herhalten müssen. Sei es, wie es will, Chiara steht auf der Schwelle zu einem neuen Lebensabschnitt. Sie wird in Kürze mit Körper, Hirn und Seele zum ausgewachsenen Teenager mutieren, einen völlig neuen Schulabschnitt beginnen, mit den Eltern und anderen Erwachsenen auf gleicher Augenhöhe diskutieren wollen und ihren eigenen Willen immer mehr durchzusetzen versuchen. Mit ihrem bereits Erlernten und Erfahrenen hat Chiara sicherlich genügend Werkzeuge, um den steinigen Weg bis zur Volljährigkeit ohne grosses Stolpern zu überstehen, ja sogar zu geniessen.

Im Schwimmbad treffen sich Vreni und Chiara und sprechen kurz über den zu Ende gehenden Donnerstag. Dazu gehören auch noch die Vorbereitungen für den nächsten Tag.

Ausgerechnet Vreni, Mutter von fünf Kindern, wollte mir heute Morgen weismachen, dass Mutter lediglich ein Zustand sei. Für mich ist und bleibt es ein Zustand, der ganz direkt mit hunderten von grundverschiedenen Aufgaben gekoppelt ist. Da darf man ohne Zögern von einem Vollzeitjob mit garantierten Überstunden sprechen. Vreni kann erst dann von einem Zustand sprechen, wenn die kleine Loreena in die steuerpflichtige und stimmberechtigte Freiheit rutscht. Die älteste Tochter Shona ist bereits so weit, dass sie selbst in Amerika in einer Bar ein Bier bestellen dürfte. Man rechne! Vreni wird es total auf gut dreissig Jahre äusserst betriebsames Mutterdasein bringen und erst dann in den eher inaktiven Mutterzustand tauchen.

Falls Shona nur ansatzweise so starke Fortpflanzungsinstinkte wie ihre Mutter hat, wird Vreni es sogar erleben, dass sie sich gleichzeitig im aktiven Mutter- und Grossmutterzustand befindet.

O-Ton Mutter Vreni

„Als Mutter sieht man immer, was noch zu tun ist, was es innert nützlicher Frist noch zu erledigen gilt.
Ich habe es mir jetzt zum Ziel gesetzt, dazwischen nach hinten zu schauen, mir bewusst zu sein, wieviel ich schon erledigt habe…und dann einfach mal die Beine hoch zu legen und ein Buch zu lesen.“

Von Grossvater zu werdendem Vater

Die Freuden und Glücksgefühle, Vater zu werden und zu sein, überstrahlen selbstverständlich alles.

Dennoch sind einige Bemerkungen *„von Grossvater zu werdendem Vater"* angebracht.

> *„Bist du schwanger?"*
> Diese Frage stellst du nie! NIE! Keiner Frau.
> Die eigene Frau will dich sowieso mit der Riesenneuigkeit überraschen. Stiehl ihr also nicht die Show, indem zu zeigen willst, wie scharf du sie beobachtest. Du kannst deinen Kennerblick anderweitig beweisen: *„Schatz, hast du eine neue Frisur, ein neues Kleid etc. etc.?"*
> Einer anderen Frau stellst du die *„Bist du schwanger"*-Frage deshalb nicht, weil es eine einprozentige Chance gibt, dass sie nicht schwanger ist, sondern ein paar Gramm zugenommen hat. In einem solchen Fall bist du hundertprozentig in die Mutter aller Fettnäpfchen getreten. Und sowas wird für die Ewigkeit an dir hängenbleiben.

> *„Wir sind schwanger."*
> Häng dir mal zwei Tage und Nächte einen 15 Kilo schweren Plastiksack, gefüllt mit Wasser, an den Bauch. Und/oder mach eine wilde Hochseefahrt mit einem stinkenden Fischkutter, der dir eine Woche elendeste Seekrankheit garantiert. Du wirst zum unzweideutigen Schluss kommen, dass *„Wir sind schwanger."* ein gutgemeinter Modesatz ist. Es zeigt auch eine verständnisvolle Solidarität zur werdenden Mutter.
> Aber: Deine Partnerin ist schwanger. Punkt und Ausrufezeichen.!

> Nach der Nachricht der erfolgreichen Befruchtung hast du deinen Teil zur Fortpflanzung vollbracht. Dein Sexleben wird sich für immer verändern. Lass dich vom warum und wie überraschen.

> Geniesse den ungestörten Schlaf. Auch da sind Veränderungen garantiert. Da gibt es um zwei Uhr morgens Rückenmassagealarm von der werdenden Mutter. (Erinnere dich, dass du nach zwei Stunden Wasserplastiksacktragen bereits über Rückenschmerzen gejammert hast).
> Die nachmitternächtlichen Weckrufe intensivieren sich während den folgenden Jahren. Ein hungriges Baby. (Denk daran: Die Mutter wacht nicht nur auf, ihr wird auch noch kräftig in die Nippel gebissen… welch ein süsses Bild).
> Du wirst noch viele weitere Gründe, die dich aus dem tiefsten Schlaf reissen, herausfinden. Hier nur einige wenige Beispiele: Ein Säugling, der nach einem Windelwechsel schreit. Ein Goldschatz, der die ersten Zähne kriegt. Eine Prinzessin, die alles will, nur nicht einschlafen. Ein Knirps, der die Bettwäsche durchnässt. Ein Kind, das aus dem Bett fällt. Oder in dein Bett kriecht.

> Vergiss die Sportwagen und Cabrioletträume. Jetzt muss ein Auto her, das Kindersitze, Kinderwagen, Spielzeuge und sonst noch tausend Sachen transportieren kann. Deine wöchentlichen Polierattacken auf den bereits auf Hochglanz geputzten Liebling werden ausbleiben. Stattdessen versuchst du verzweifelt, wenigstens den Fahrzeuginnenraum von allen möglichen klebrigen Dingern und Essensresten zu befreien. Bei Kaugummiresten hilft Eisauflegen.

> Apropos Auto. Falls die ganze Familie im Auto sitzt, heisst das noch lange nicht, dass du abfahren kannst. Jetzt gehen die Startvorbereitungen erst richtig los. Wünsche kommen von allen Sitzen. Vergessen haben alle etwas. Ist der Zündungsschlüssel gedreht und heult der Motor ungeduldig auf, will der dreijährige Bengel noch kurz auf die Toilette.

> Bevor du Vater wirst, kommst du von der Arbeit gestresst nach Hause. Du wirfst dich in lockere Klamotten, holst ein Bier aus dem Kühlschrank, schaltest den Fernseher ein, setzt dich hin und

schwingst die Beine hoch. Das Fussballspiel kann losgehen. Du hast es verdient.

Bist du einmal oder mehrfach Vater, kommst du von der Arbeit gestresst nach Hause. Die Kinder begrüssen dich stürmisch. Aus Mamas Mund sprudeln tausend Sätze auf einmal und sie verliest dir eine ganze Liste von Problemen und Aufgaben. Vom Kind das gemassregelt werden muss, zur Nachbarin, die du kontaktieren sollst, bis hin zur verstopften Toilette die SOFORT Hilfe braucht. Den Stöpsel findest du im Keller. Vielleicht. Wenn alles optimal läuft, kannst du um Mitternacht eine Zusammenfassung des Fussballspiels sehen. Die Krawatte hängt immer noch an deinem Hals. Die lockeren Klamotten schmollen unbenutzt in einer Ecke.

➤ Mach mit deiner Frau viele beschauliche Restaurantbesuche. Bevor das erste Kind auf die Welt kommt.
Nachher ist das gemütliche Essen in einem öffentlichen Raum für einige Zeit vorbei. Du weisst warum. Ja, auch bei perfekt erzogenen Kindern.

➤ Du liebst den Sport. Sogar tagelange Abenteuerreisen in die Berge oder auf die hohe See gehören zu deiner Leidenschaft. Als Vater wird dein Zeitbudget für Sport stark reduziert. Eine Stunde Joggen hier, fünfzig Minuten Biken dort. Liegestützen vor dem Morgenessen. Mehr liegt vorübergehend, das heisst für die nächsten fünfzehn Jahre, nicht drin.

➤ Sei lieb zu deinen Eltern und noch zuvorkommender zu deinen Schwiegereltern. Mindestens dann, wenn sie Interesse und Talent als Babysitter vermuten lassen.

Wenn du jetzt meinst, das alles sei ein bisschen dick aufgetragen oder übertrieben, glaub mir, das ist nur die Spitze des Eisbergs von allen Veränderungen, die du als Vater erleben wirst. Deine Frau wird als Mutter alles noch viel intensiver und in vielfältigerer Form erleben. Sozusagen alles, was sich unter der Spitze des Eisbergs, also verborgen, befindet. Das sind bei einem Eisberg über 80% der Gesamtmasse!

Das Resultat, das sich Familie nennt, ist dieser Aufwand allemal wert. Die Mutter aller Urtriebe ist die Fortpflanzung. Diese in Form von Kindern zu erleben, ist unschlagbar wunderbar.

Schluss und Punkt

Maya, meine Tochter, Kai, mein jetzt fünfjähriger Enkel, und ich sitzen am Mittagstisch und geniessen Sushi.

Maya erzählt voller Stolz, was Charmeur Kai heute Morgen von sich gegeben hat.
„Mami, ich liebe alles, was du kochst. Ich liebe alles, was du machst!"

Wir geniessen diese Bemerkung in vollen Zügen und zollen Kai die wohlverdiente Anerkennung.

Nach ein paar Schweigesekunden meint Kai:
„Mami, ich liebe mich."

Etwas erstaunt nehmen wir diese nicht gerade bescheidene Feststellung zur Kenntnis, ohne diese aber zu kommentieren.

Kai, der Weltmeister im Süssholzraspeln, erklärt:
„Mami, du hast mich gemacht. Ich liebe alles, was du machst!"

Schluss und Punkt

•

Kontakt Walter Zibung:
zibee@bluewin.ch

Mehr Details, Blog und Fotos zum Buch:

www.mutter-aller-jobs.com

Input, Ideen und Geschichten der Leser sind erwünscht.

Tausend Dank:

An alle Kinder und Mütter die mich mit offenen Herzen und Türen begrüsst und inspiriert haben.

Lou und Katja
Jaden und Hoai Nam
Maya und Edith
Kai und Maya
Sursuk und Parnasa
Lynne und Nami
Lani und Maya
Jason und Susan
Fynn + Michel und Anke
Janet und Cristina
Enea und Regula
Chiara und Vreni

Riesen Dank an:

- ➢ *Trix und Dave Christen fürs sorgfältige Durchlesen und Korrrrrrrigieren.* ☺

- ➢ *mein Grosskind Lani für die perfekte Titelzeichnung.*

- ➢ *mein Grosskind Kai für das gelungene Porträt von mir.*

- ➢ *meinen Schwiegersohn Andy für die Gestaltung des Buchtitels.*

- ➢ *Aiko Maekawa für all die Marketingideen und technischen Umsetzungen im sozialen Netzwerk.*

- ➢ *meine Frau Beata für die moralische Unterstützung und den geduldigen Computersupport.*

- ➢ *meine Tochter Maya für die Initialzündung zum Buch und den ständigen Ideeninput.*